connaissance
D'UN THÈME

LE ROMAN NATURALISTE

Zola et Maupassant

Colette BECKER
PROFESSEUR À L'UNIVERSITÉ DE PARIS X-NANTERRE

Bréal éditions
1, rue de Rome - 93561 Rosny Cedex

Dépôt légal : août 1999.
ISBN 2 84291 434 1

AVANT-PROPOS

Le naturalisme est un mouvement littéraire qui s'est développé dans la seconde moitié du XIXe siècle et l'a marquée. On l'assimile à Émile Zola, à tort. En effet, si celui-ci en a été le théoricien et la personnalité la plus marquante, le mouvement a regroupé de nombreux écrivains, des personnalités fortes, qui partageaient les mêmes idées : refus de l'idéalisme, du « bon goût », de la littérature lénifiante ; volonté d'écrire des œuvres de vérité, accordées à un lectorat de plus en plus important et demandant qu'on lui parle de lui et du monde contemporain avec réalisme.

La critique officielle et les institutions l'ont violemment attaqué – on trouvera un florilège de ces jugements en fin de volume, dans la partie Annexes. Les lecteurs, eux, ont apprécié ses œuvres, dont certaines sont parmi les plus importantes de notre littérature.

Ce divorce entre critique et lectorat perdure. Il est fait de méconnaissance, d'incompréhension, d'idées fausses. Il n'est pas rare d'entendre de nos jours un journaliste, évoquant un fait divers sordide, commenter : « C'est du Zola ! »

Nous nous appuyons sur les idées et quelques romans de Zola et de Maupassant pour montrer la richesse, la complexité et la modernité de ce mouvement qui s'est poursuivi au XXe siècle.

L'auteur.

SOMMAIRE

1

REPÈRES

1 - CONTEXTE HISTORIQUE

La littérature et, plus largement, l'art sont tributaires de l'évolution politique, économique, sociale. Une œuvre ne naît pas de rien. Elle est étroitement liée à la période dans laquelle elle est conçue. Son créateur s'adresse, d'abord, à un public précis avant de toucher les générations suivantes, si sa création est suffisamment large et profonde, si elle dépasse les problèmes qui se posent à une époque déterminée.

L'artiste, par ailleurs, est soumis aux lois du marché, au goût dominant, aux institutions officielles : Académie, École des Beaux-Arts, revues, critiques, qui, au XIXe siècle en particulier, ont un pouvoir très important.

Le Naturalisme ne peut se comprendre que si on le réinsère dans son siècle, et, plus précisément, dans sa deuxième moitié.

■ Une époque de grands bouleversements politiques

Le XIXe siècle débute avec la Révolution de 1789, suivie par les révolutions ou journées révolutionnaires de 1830, 1832, 1848, et de la Commune de 1871. Plusieurs régimes se sont succédé : le Consulat (1799-1804), le Premier Empire (1804-1814), la première Restauration et les Cent Jours (1814-1815), la seconde Restauration (1815-1830), la Monarchie de Juillet (1830-1848), la Seconde République (1848-1851), le Second Empire (1852-1870). La Troisième République, enfin, fut instaurée le 4 septembre 1870, après la défaite de Sedan. Elle dura jusqu'en 1940.

Avec la Révolution de 1789 commence une longue période d'instabilité politique, de « déchaînement des appétits », pour reprendre les mots de Zola. Les contemporains ont eu l'impression de vivre dans une période de mutation. Les structures politiques, économiques et sociales de la France se transforment en profondeur. On assiste à une remise en question de toutes les normes. De nouvelles classes d'hommes arrivent au pouvoir. L'argent est la nouvelle divinité à laquelle on sacrifie. Il est au centre du roman du XIXe siècle, de Balzac à Maupassant, en passant par Zola.

■ L'avenir est à la science

Ces mutations sont accélérées par un grand essor des sciences et par de très nombreuses découvertes en tous domaines. Le XIXe siècle est placé sous le signe de la science triomphante. L'heure est à la conquête du pouvoir de l'homme sur la matière. Le futur semble ouvert à tous les possibles. La croyance au progrès matériel, intellectuel et moral est universelle.

Sciences naturelles au début du siècle, puis physiologie et médecine à partir des années 1840-1850, font des progrès énormes. Leurs apports, ainsi que ceux de disciplines comme l'archéologie, la paléontologie, la sociologie, l'histoire, qui se constitue en science, entraînent une remise en question totale des études sur l'homme et sur sa place dans l'univers. Les textes sacrés sont contestés. La littérature est fortement influencée par ces remises en question, ces avancées et ces croyances. Elle s'en inspire.

La révolution scientifique permet la révolution industrielle qui, à partir de 1850 environ, métamorphose l'économie. La France moderne naît sous le Second Empire, qui est, pour les affaires, une période faste marquée par un essor économique, industriel, bancaire spectaculaire et par une politique de grands travaux. Mais ce développement du capitalisme ne va pas sans entraîner de grandes conséquences sociales : la formation d'un prolétariat aux conditions de travail et de vie de plus en plus difficiles et celle d'une classe riche de plus en plus prospère. Les romanciers naturalistes, Zola en particulier, rendent compte de cette évolution.

Les progrès technologiques qui découlent des découvertes, l'invention de machines nouvelles, la maîtrise de la vapeur, entraînent, essentiellement dans la deuxième moitié du siècle, des mutations considérables. Les effets de la révolution scientifique ne se font pas sentir sur le seul plan économique, les modes de vie sont complètement transformés (éclairage électrique, chemins de fer, ...). La maîtrise du fer et du verre révolutionne l'architecture, dont peintres et romanciers célèbrent les réalisations audacieuses : Halles centrales de l'architecte Baltard (1854-1870), malheureusement détruites à partir de 1966, mais dont *Le Ventre de Paris* de Zola nous conserve le souvenir, Bibliothèque Sainte-Geneviève (1843-1861), grande salle de la Bibliothèque impériale, actuelle Bibliothèque Nationale, rue de Richelieu (1862-1866) due à Henri Labrouste, abattoirs de La Villette avec leur grande Halle, dessinés par Jules Mérindol (1867), etc.

Ces applications technologiques vont avoir une répercussion considérable sur le plan littéraire : elles vont entraîner le développement de la presse et du livre à bon marché, grâce, en particulier, à l'introduction de la presse mécanique et à l'extension des transports après 1850.

C'est en 1836 qu'est fondé le premier de ces journaux, *La Presse*, qui très vite dépasse 20 000 exemplaires, alors qu'un tirage de 5 000 passait, à l'époque, pour énorme. Certains de ces quotidiens atteindront le million à la fin du siècle. Ils vivent de la publicité et de feuilletons, c'est-à-dire de la publication en livraisons de romans. Toutes les œuvres de Zola, par exemple, ont été publiées dans un journal avant de l'être en volumes.

Gervais Charpentier, en 1838, lance le livre à 3,50 francs (alors que le prix moyen était alors de 7,50 francs). Bientôt, Hachette, puis Michel Lévy abaissent encore les prix, jusqu'à 1 franc. Pour avoir une idée, rappelons qu'une blanchisseuse comme Gervaise, dans *L'Assommoir*, gagnait en moyenne 1,50 franc par jour, un peintre en bâtiment de 4 à 5 francs. Les Maheu, au début de *Germinal*, ne gagnent, à eux tous, que 9 francs.

Ces deux progrès, joints au développement de l'enseignement pour les garçons, puis pour les filles, grâce aux lois Guizot (1833), Victor Duruy (1880) et Jules Ferry (1881-1882), accrurent considérablement le nombre de lecteurs et de lectrices.

■ Le mythe du progrès

Tous croient au progrès. On prend à la science sa méthode d'observation et d'analyse rigoureuse des faits pour s'en servir dans *tous* les domaines de la connaissance quels qu'ils soient, sociaux ou moraux y compris. « Le vice et la vertu sont des produits comme le sucre et le vitriol », affirme Taine, formule que Zola met en épigraphe de la première édition de *Thérèse Raquin*.

On mène une vaste enquête qui, pense-t-on, permettra à l'homme la maîtrise de l'univers. On observe, on décrit, on nomme, on classe, on croit ainsi pouvoir faire le tour du savoir. On vise à l'exhaustivité.

La seconde moitié du siècle voit, en particulier, la multiplication de dictionnaires, encyclopédies, guides, revues, journaux de toutes sortes qui prétendent faire l'inventaire du monde et des connaissances. Quelques titres de journaux ou livres destinés à la jeunesse rendent compte de cette ambition. Ainsi *Le Magasin d'éducation et de récréation*, *Le Tour du monde par deux enfants*. C'est alors que paraissent les deux énormes sommes d'Émile Littré et de Pierre Larousse. C'est aussi l'époque des expositions universelles. La première se tient à Londres en 1851, dans le Crystal Palace. Paris accueille ensuite celles de 1855, 1867, 1878, 1889 (pour laquelle Gustave Eiffel a édifié sa tour), 1900. On y rassemble les productions, les inventions, les manifestations intellectuelles et artistiques du monde entier. On y donne à voir les façons de vivre, les architectures, les manières de travailler de tous les hommes de la terre.

Le roman va participer à cette enquête sur le monde et sur l'homme. De plusieurs manières. *Les Voyages extraordinaires* de Jules Verne, parus à partir de 1860, s'annoncent par leur sous-titre, « Les mondes connus et inconnus », comme un immense document sur les terres familières ou ignorées, et l'ensemble de leurs habitants, comme, aussi, un panorama complet des sciences et des techniques. Mais on trouve cette même ambition d'exhaustivité, sous une autre forme, nous le verrons, dans le roman naturaliste, en particulier dans celui de Zola. Le Grand Magasin d'Octave Mouret, « Au Bonheur des dames », qui rassemble tissus, vêtements, tapis, objets, meubles venant du monde entier, est à lui seul une véritable exposition universelle.

Critiques, historiens, écrivains affirment leur confiance dans la science, exaltent ses bienfaits, tentent de transposer sa méthode et ses contenus à l'étude des faits sociaux et moraux. Parallèlement, les machines à vapeur, les lois de la thermodynamique ou de l'hérédité, les découvertes physiologiques nourrissent leurs fantasmes et leurs peurs.

Zola commente, en 1880 :

> « L'instruction se répand, des milliers de lecteurs sont créés. Le journal pénètre partout, les campagnes elles-mêmes achètent des livres. En un demi-siècle, le livre, qui était un objet de luxe, devient un objet de consommation courante. Autrefois, il coûtait très cher ; aujourd'hui les bourses les plus humbles peuvent se faire une petite bibliothèque. Ce sont là des faits décisifs : dès que le peuple sait lire, et dès qu'il peut lire à bon marché, le commerce de librairie décuple ses affaires, l'écrivain trouve largement le moyen de vivre de sa plume. »
> (« L'Argent dans la littérature », in *Le Roman expérimental*, 1880.)

Les conditions de la production littéraire changent considérablement et, par suite, le contenu même des œuvres. Les écrivains doivent s'adapter à de nouvelles couches de lecteurs. *Le naturalisme est une réponse à cette démocratisation de l'instruction et à l'évolution de la société.*

2 - CONTEXTE LITTÉRAIRE

Le XIXe siècle est marqué par l'explosion du genre romanesque. Au fil des années, le roman va acquérir, non sans difficultés, ses lettres de noblesse. On assiste à l'érosion, à son profit, des genres traditionnels et réputés nobles, la Poésie, la Tragédie par exemple, qu'il finit par absorber.

Le roman naturaliste est un des nombreux types de romans qui caractérisent la seconde moitié du siècle. Zola, son principal théoricien, l'a défini par rapport et par opposition aux autres formes romanesques qui connaissaient alors du succès. Il nous faut donc, d'abord, dresser un bref panorama du roman du XIXe siècle pour comprendre contre quoi s'affirme le roman naturaliste et pourquoi il a fini par l'emporter, au point que nous pensons, plus d'un siècle après, qu'il était la seule forme de roman dans la deuxième moitié du siècle. Ce qui est faux.

En fait, le roman naturaliste s'est imposé difficilement. Il a été violemment critiqué à son époque par ceux qui détenaient le pouvoir littéraire : critiques, revues, institutions comme l'Université ou l'Académie. Précisons seulement que Zola s'est présenté près de vingt fois à l'Académie française, sans succès. Il n'a parfois obtenu aucune voix. Mais ont été élus, aux fauteuils vacants, des écrivains dont nous ne connaissons même plus le nom ! Zola choquait, nous verrons en quoi.

Le roman réaliste, puis le roman naturaliste ont été, parfois, menacés par la justice et la censure. En 1857, *Madame Bovary* a été poursuivi pour « atteintes aux bonnes mœurs et à la religion ». En 1884, Louis Desprez est condamné à un mois de prison et à 1 000 francs d'amende pour *Autour d'un clocher*, écrit en collaboration avec Henry Fèvre. Zola a dû interrompre la publication de *La Curée* dans le journal *La Cloche*, ce qui lui a inspiré une violente lettre ouverte dans laquelle il dénonce l'absence de liberté de la presse et de la littérature. La publication de *L'Assommoir*, commencée dans *Le Bien public*, a été interrompue à cause de la polémique que l'œuvre suscitait : à droite on reprochait à Zola sa trivialité, voire sa pornographie, à gauche on l'accusait de salir le peuple. Elle a été reprise dans *La République des Lettres.*

■ Profusion des types de romans

Le roman remonte à l'Antiquité gréco-latine, c'est donc un genre très ancien. Mais on ne le considère pas comme un genre sérieux. Il n'a été codifié par aucun art poétique, comme la Poésie ou la Tragédie (ce que fait, entre autres, Boileau dans son *Art poétique*).

Le roman n'est pas tributaire d'une écriture spécifique ou de conventions comme la poésie. Il n'est pas soumis à des nécessités d'espace ou de temps comme le théâtre. Il est à la fois récit, descriptions, dialogues. Il mélange tous les tons, tous les genres, tous les niveaux de langue. C'est une forme libre, que l'on ne peut pas définir, ce qu'affirme Maupassant en tête de l'importante étude dont il fait précéder *Pierre et Jean* (1888) :

> « Le critique qui, après *Manon Lescaut, Don Quichotte, Les Liaisons dangereuses, Werther, Les Affinités électives, Clarisse Harlowe, Émile, Candide, Cinq-Mars, René, Les Trois Mousquetaires, Mauprat, Le Père Goriot, La Cousine Bette, Colomba, Le Rouge et le Noir, Mademoiselle de Maupin, Notre-Dame de Paris, Salammbô, Madame Bovary, M. de Camors, L'Assommoir*, etc., ose encore écrire : "Ceci est un roman, et cela n'en est pas un", me paraît doué d'une perspicacité qui ressemble fort à de l'incompétence. »

De nombreux types de romans fleurissent au XIXe siècle : roman noir ou gothique (au tournant du siècle, sur le modèle du roman noir anglais), roman historique (influencé par Walter Scott), roman psychologique, roman d'aventures, roman pour la jeunesse, roman de science-fiction, roman-feuilleton, roman policier (qui naît sous le Second Empire avec le développement des grands centres urbains et le refoulement des classes populaires dans les faubourgs, la montée de la misère et du crime), « roman honnête ou roman de la vertu », roman de mœurs, etc.

Il faut souligner que ces distinctions ne sont pas rigoureuses. Les romanciers s'inspirent des schémas narratifs ou des personnages utilisés dans d'autres types. Zola, par exemple, reprend certains procédés du roman noir, du roman-feuilleton ou du roman policier.

Le roman d'analyse des mœurs contemporaines tend à prendre de plus en plus de place : il répond mieux, en effet, à l'attente des lecteurs et des lectrices. Il donne d'abord le roman réaliste, roman portant sur un milieu précis ; puis le roman naturaliste qui intègre la méthode et les dernières découvertes des sciences, en particulier de la physiologie.

■ Évolution du roman vers le roman naturaliste

Ce n'est qu'en 1859 que l'Académie française a élu, pour la première fois, un romancier dans ses rangs. Pourquoi ? Le roman n'apparaît pas comme un genre noble. La définition qu'en donne un grand théoricien du XVIIe siècle en fait foi :

> « Ce qu'on appelle proprement roman sont des histoires feintes d'aventures amoureuses écrites en prose avec art pour le plaisir et l'amusement des lecteurs. » (Huet, *Traité de l'origine des romans*)

Mais, parce que justement il n'a pas de règles à respecter, le roman ne va plus se contenter de raconter des histoires « romanesques », divertissantes, c'est-à-dire à caractère sentimental, merveilleux ou aventureux, comme celles que lit, au couvent, Emma Bovary :

> « Ce n'étaient qu'amours, amants, amantes, dames persécutées s'évanouissant dans des pavillons solitaires,

postillons qu'on tue à tous les relais, chevaux qu'on crève à toutes les pages, forêts sombres, troubles du cœur, serments, sanglots, larmes et baisers, nacelles au clair de lune, rossignols dans des bosquets, *messieurs* braves comme des lions, doux comme des agneaux, vertueux comme on ne l'est pas, toujours bien mis, et qui pleurent comme des urnes. » (Première partie, chap. VI)

Dès les dernières années du XVIIIe siècle, de plus en plus de lecteurs souhaitaient trouver dans les romans une peinture de la société dans laquelle ils vivaient. C'est ainsi que se développe, à partir de 1820 en France, un roman de la représentation du réel contemporain.

On peut distinguer trois étapes dans son évolution : son invention par Balzac et Stendhal, le mouvement réaliste, et enfin le mouvement naturaliste.

▪ L'invention du roman réaliste moderne

Deux grands romanciers fondent véritablement le roman réaliste français, Stendhal et Balzac. Ils vont servir de modèles aux générations suivantes. Zola admirera particulièrement le second dans la lignée duquel il se place.

Stendhal introduit dans le roman une forme de réalisme inconnue avant lui. Il conçoit le roman comme une chronique du temps présent centrée sur la biographie d'un personnage. Il affirme : « Un roman, c'est un miroir qu'on promène le long d'un chemin. »

Pour peindre avec exactitude la société contemporaine, il se fonde sur ses expériences, ses souvenirs, des conversations, ce qu'il trouve dans des journaux ou dans des chroniques. Il ancre son récit dans le réel par toute une série de faits divers, d'anecdotes, de détails, de précisions aisément vérifiables par le lecteur, du moins par le lecteur de l'époque. Il bourre son récit de « petits faits vrais ».

Il est tout particulièrement attentif aux codes des différents groupes sociaux qu'il peint (vêtements, vocabulaire, intonations, etc.). Il utilise souvent le procédé de la « vision avec » (ou focalisation interne) ; c'est-à-dire qu'il nous fait voir les choses et les événements par les yeux ou les pensées du personnage. Il utilise aussi le monologue intérieur qui nous place au cœur même de la pensée du personnage avec lequel nous nous identifions. Ces procédés seront repris par les romanciers de la seconde moitié du siècle, Zola et Maupassant tout particulièrement.

Stendhal crée ainsi ce que Maupassant appelle « l'illusion réaliste » : le lecteur croit que ce qu'on lui raconte est vrai, tout en sachant qu'il s'agit d'une fiction. Mais celle-ci lui donne l'illusion du vrai.

Balzac fonde le roman sur une méthode et une visée scientifiques, ce qui est tout à fait nouveau et caractérisera le roman réaliste, puis le roman naturaliste de la seconde moitié du siècle.

Il prend comme modèles les savants naturalistes de son temps. Geoffroy Saint-Hilaire, par exemple, dénombre les espèces animales et montre comment leur évolution se fait en relation avec l'environnement. Balzac, à son imitation, dénombre les espèces sociales et en recherche les différences, pour dégager les lois qui régissent ce vaste ensemble. Il étudie l'interaction de l'homme et de son milieu, la manière dont celui-ci influe sur l'homme qui, de son côté, le façonne en se représentant dans ce qui l'entoure. « Sa maison et lui se ressemblaient. Vous eussiez dit l'huître et son rocher », affirme-t-il de Gobseck.

Balzac apporte ainsi au roman une volonté nouvelle d'explication et de discussion de la réalité historique et sociale de son temps, dans tous ses aspects, y compris les plus ordinaires, en se fondant sur une observation systématique. Il affirme *tout* étreindre pour *tout* expliquer, *tout* décrire pour comprendre les rouages de l'homme et de la société, ainsi que les rapports de force à l'œuvre dans le monde contemporain.

En résumé, Stendhal et Balzac analysent la société de leur époque à travers des romans de formation, le héros s'opposant au monde, traversant des milieux différents, évoluant, faisant son apprentissage social, moral, intellectuel, sentimental. Ils ont ainsi renouvelé le roman, inventé même le roman moderne.

Ils ont eu une influence considérable sur ceux qui les ont suivis. Zola, par exemple, leur a consacré plusieurs études importantes. Avant de se lancer dans sa grande fresque des *Rougon-Macquart* dont il a l'idée quand il lit, en 1867-1868, une nouvelle édition de *La Comédie humaine*, il réfléchit sur cette somme et jette sur le papier des réflexions qu'il intitule : « Différences entre Balzac et moi ».

■ Le mouvement réaliste

L'échec de la Révolution de 1848, l'instauration du Second Empire, inaugure, pour la littérature, une période assez confuse de transition et de mutation. C'est la fin de l'illusion lyrique, des espoirs mis par ceux qu'on appellera les « quarante-huitards » dans une société plus juste, une ère de bonheur et de fraternité. Les notables reprennent le pouvoir.

Deux attitudes se dessinent alors parmi les écrivains : les uns, pour échapper à un réel trop laid et décevant, se réfugient dans l'Art pour l'Art ; les autres affirment, au contraire, la nécessité d'asseoir la littérature sur l'observation, l'analyse et l'explication des faits. Ils veulent aussi, par là-même, s'opposer à des formes de romans euphorisants, détournant lecteurs et surtout lectrices du réel : le roman-feuilleton, fondé sur une intrigue à rebondissements nombreux, et le « roman honnête », ou « roman de la vertu ». Celui-ci raconte toujours les mêmes histoires, situées hors du temps et de tout espace précis, mettant en scène des personnages bien nés et pourvus de toutes les qualités mais injustement accablés par l'infortune. Le dénouement de pareilles histoires, dont le type est le *Roman d'un jeune homme pauvre* d'Octave Feuillet (1858) est toujours heureux, le devoir et la vertu triomphent toujours des méchants et du malheur. Or ce type de roman était fort prisé, y compris et surtout par les institutions, parce qu'il était moralisateur et de « bon Goût ». Ce sont deux de ses auteurs célèbres, Jules Sandeau et Octave Feuillet que l'Académie accueille en 1859 et 1862.

À l'opposé, le roman réaliste se veut pédagogique. Ses deux théoriciens, Champfleury et Duranty, auteurs d'œuvres assez oubliées de nos jours, réclament, pour pouvoir atteindre le plus grand nombre, une langue sans ornements, la plus plate possible. Ce qui explique leur peu de succès. Zola, qui reconnaît leur rôle important dans l'évolution du roman, critique la « langue administrative », incolore, aride de Duranty.

Mais ce style, cet art qui leur manquent, on les trouve chez Flaubert. Celui-ci marque la période par de grandes œuvres, *Madame Bovary* (1857) et surtout *L'Éducation sentimentale* (1869).

Zola porte une profonde admiration à celui qu'il appelait affectueusement « le Vieux ». Il sera « idiot de chagrin » à sa mort. Quant à Maupassant, il reconnaît Flaubert comme son père spirituel. Il rappelle ses leçons de style dans l'étude sur le roman publiée avec *Pierre et Jean*. Plus largement, Flaubert marque profondément toutes les générations de romanciers à venir, car il prouve que l'on peut concilier exigences de l'art et analyse d'une réalité banale.

■ Caractéristiques du roman réaliste

Dégageons brièvement les caractéristiques des auteurs réalistes :

– ils privilégient l'étude du présent et contestent la tradition ;

– ils veulent rendre compte du réel le plus exhaustivement possible. Ils s'intéressent donc à des groupes sociaux jusque-là peu ou pas étudiés ; ils explorent autant le corps de l'homme que son âme, ses faiblesses que ses vertus, sa médiocrité que sa noblesse ;

– ils ont conscience de faire des œuvres sérieuses et honnêtes dans la mesure où ils analysent, avec le plus d'objectivité possible, les mécanismes de la société contemporaine et les problèmes qui se posent à l'individu ;

– mais ils refusent de passer pour des machines enregistreuses. Déjà Baudelaire, dans *L'Art romantique* (1859), donne à Balzac pour principal mérite d'être « visionnaire et visionnaire passionné ». Champfleury affirme en mai 1854 :

> « La reproduction de la nature par l'homme ne sera jamais une *reproduction* ni une *imitation*, ce sera toujours une *interprétation.* » (« L'aventurier Challes », *Le Réalisme*)

Toujours s'interpose entre le réel et le regard ce que Zola appellera un « écran ». L'objectivité absolue est impossible ;

– s'ils ouvrent la littérature à des champs d'exploration nouveaux que jusqu'alors on jugeait grossiers ou inintéressants : les basses classes, le corps, la maladie, la folie, ils ne le font pas par goût du scandale mais pour dire le réel dans sa totalité. Cette volonté n'a pas été comprise. *Madame Bovary*, par exemple, a été mise en accusation, nous l'avons vu, pour « délits d'outrage à la morale publique et religieuse et aux bonnes mœurs. » Dans son réquisitoire, le substitut Pinard attaque, plus largement, la littérature réaliste, en s'appuyant sur la morale chrétienne, « fond des civilisations modernes », et conclut :

> « L'art sans règle n'est plus l'art ; c'est comme une femme qui quitterait tout vêtement. Imposer à l'art l'unique règle de la décence publique, ce n'est pas l'asservir, mais l'honorer. On ne grandit qu'avec une règle. »

Ces caractéristiques vont aussi être celles du roman naturaliste qui va subir les mêmes attaques de grossièreté, de vulgarité, de mauvais goût que le roman réaliste. En 1860, on proscrit de façon générale l'imagination déformatrice, on aspire à plus de réalité, mais on juge excessive, voire scandaleuse, la place donnée au corps et à la sensation qui prennent le pas sur l'analyse psychologique traditionnelle ; on trouve aussi excessive la place donnée à la vie quotidienne des petits bourgeois provinciaux ou des « basses classes » (voir, sur ce point, les jugements donnés ci-dessous en Annexes).

Ce sont pourtant les sujets que vont privilégier les naturalistes.

■ Le mouvement naturaliste

On peut dater les débuts du mouvement naturaliste de 1865. Cette année est marquée par la publication de deux œuvres importantes : un roman, *Germinie Lacerteux*, œuvre de Jules et Edmond de Goncourt, saluée avec enthousiasme par Émile Zola ; une œuvre théorique due au grand physiologiste Claude Bernard, l'*Introduction à la médecine expérimentale*, dont Zola prit certainement connaissance alors, car on en parla beaucoup dans les journaux, et dont il se servit en 1878 pour étayer sa théorie du « roman expérimental ».

Se développe alors un courant nouveau qui regroupe des personnalités très diverses : Zola, et autour de lui de jeunes romanciers attirés par ses œuvres et outrés des attaques dont elles sont l'objet, comme Paul Alexis, Henry Céard, Léon Hennique, J.-K. Huysmans, Octave Mirbeau, Guy de Maupassant, qui écrit en 1877 une vigoureuse défense de *L'Assommoir*. Parallèlement, des écrivains plus connus qui s'estiment, se voient fréquemment et se regroupent autour de leur maître et modèle Flaubert : Goncourt, Zola, Daudet. Les jeunes romanciers offrent aux anciens, le 16 avril 1877, un repas chez le restaurateur Trapp, d'où le nom de « dîner Trapp », sorte d'événement fondateur du mouvement.

On ne peut pas parler d'« école » naturaliste au sens étroit du terme, car tous ces artistes ont des personnalités très différentes. Mais ils ont en commun une certaine conception de la littérature. Ils s'épaulent dans leur lutte commune pour imposer, contre le roman romanesque idéaliste à la mode, louant l'ordre établi, les convenances et le bon goût, un roman de la vérité.

■ Distinction entre réalisme et naturalisme

Les écrivains naturalistes recourent systématiquement aux sciences, méthode et savoirs. Ils intègrent les découvertes de la thermodynamique et, surtout, celles de la physiologie. Elles leur donnent des sujets, ils rêvent autour de la machine à vapeur, du corps, du sang, qui nourrissent leur imaginaire.

Ils étendent le champ d'exploration de la littérature non seulement aux marges de la société, à ceux que les Goncourt appellent, dans leur préface à *Germinie Lacerteux*, les « basses classes », et que d'autres, au même moment, appellent les « classes dangereuses », mais aussi aux marges de ce qu'on croit être le « sain » : dégénérescences, névroses, hystérie, folie, maladie, « végétations sourdes du crime » (Zola), pulsions, en un mot tout ce qui se passe sous la peau, dans la chair, et que ni volonté ni raison ne peuvent maîtriser.

Ils lisent de nombreux traités de médecins célèbres sur l'hérédité, la folie, l'hystérie, les dégénérescences. Zola s'inspire étroitement du *Traité philosophique et physiologique de l'hérédité naturelle* du docteur Lucas. Une osmose intellectuelle s'établit entre savants et écrivains. Le dîner Magny (du nom du restaurant où il a lieu deux fois par mois à partir du 22 novembre 1862) en regroupe un grand nombre.

Le naturalisme s'est imposé dans les années 1876-1884, grâce, en particulier, aux nombreux articles théoriques et aux romans de Zola. C'est pourquoi on assimile très souvent l'écrivain et le mouvement, de manière trop restrictive. À partir de 1884, les attaques se font de plus en plus virulentes. Flaubert n'est plus là pour souder le groupe – il est mort en 1880. Les liens entre Zola, Goncourt et Daudet se distendent, les deux derniers étant jaloux des succès du premier. De nouvelles générations d'écrivains veulent à leur tour imposer un nouveau roman. En 1887, cinq jeunes écrivains publient contre *La Terre* un violent pamphlet.

Quand Zola publie, en 1893, le dernier volume de sa fresque des *Rougon-Macquart*, les lecteurs sont de plus en plus séduits par un renouveau du roman d'analyse psychologique, qu'illustre en particulier Maupassant dans des romans comme *Fort comme la mort* (1889) et *Notre cœur* (1890), et par le symbolisme.

■ Des naturalismes

Sous ce terme ambigu de *naturalisme*, que Zola imposa comme un drapeau, un signe de ralliement, se sont rassemblés des personnalités très diverses, des écrivains féconds et novateurs. Ils ne définissent pas tous le mot de la même manière, mais tous ont la même idée de la littérature. Ils ont imposé une nouvelle approche et une nouvelle perception du réel, ils ont ouvert à la littérature, avec sérieux et honnêteté, des champs nouveaux. L'esthétique naturaliste est, pour une grande part, une lutte contre les conventions littéraires, abolition des normes, ce qu'on lui a reproché. Cette conception a dominé l'époque et les premières décennies du XXe siècle, dans les lettres et dans le cinéma.

Le mouvement a été marqué par la forte personnalité de Zola. L'étude des œuvres de Maupassant, qui énonce certaines réserves concernant les idées du théoricien du roman expérimental, montre la richesse et la diversité de ce courant littéraire.

Le roman zolien étudie l'influence sur l'individu d'un *fatum* socio-biologique, tares héréditaires, maladies, circonstances sociales, mais, sous une apparence pessimiste, il reste foncièrement optimiste. Zola croit à la possibilité de l'amélioration de la société. Il pense y contribuer par ses romans : « Nous faisons de la sociologie pratique et (...) notre besogne aide aux sciences politiques et économiques. Je ne sais, je le répète, de travail plus noble ni d'une application plus large », affirme-t-il dans son article, « Le Roman expérimental ». Le roman de Maupassant, qui s'inscrit dans la lignée de Flaubert, est un roman de la désillusion, de l'échec, dont le seul élément dynamique est constitué par l'accumulation des déceptions des personnages. Maupassant cingle de son ironie, souvent féroce, certaines caractéristiques de son époque vouée à l'égoïsme et au culte de l'argent.

3 - BIOGRAPHIE D'ÉMILE ZOLA

■ Une adolescence provençale

Émile Zola est né à Paris le 2 avril 1840. En 1843, sa famille s'installe à Aix-en-Provence, son père, brillant ingénieur civil d'origine italienne, étant chargé de construire un système de barrages et canal alimentant la ville en eau. Mais François Zola meurt en 1847, alors que les travaux commencent à peine. Il laisse de nombreuses dettes qu'il a contractées pour mettre au point ses plans. Sa veuve et son fils connaissent dès lors des difficultés matérielles de plus en plus grandes.

Émile Zola mène, toutefois, une adolescence heureuse. Il entre au collège Bourbon, où il se fait des amis, parmi lesquels le futur grand peintre Paul Cézanne. Les jeunes garçons supportent mal l'enseignement sclérosé qu'ils reçoivent et l'atmosphère routinière de la petite ville de province (que le futur romancier décrit dans *La Fortune des Rougon* et *La Conquête de Plassans*). Ils font de longues promenades dans la campagne, découvrent, grâce à un jeune professeur venu de Paris, les poètes contemporains, Lamartine, Hugo et surtout Musset. Ils se mettent à écrire des vers et rêvent de gloire poétique. Zola racontera ces années dans son roman *L'Œuvre*.

En troisième, il choisit la section des sciences, probablement en souvenir de son père. Il voit en lui un héros de l'énergie, un bâtisseur, un homme moderne. Il le loue dans un long poème, « Le Canal Zola ». Son image lui inspirera certains de ses personnages comme l'homme d'affaires Saccard (*La Curée*, *L'Argent*) ou Octave Mouret, le propriétaire du Grand Magasin « Au Bonheur des dames ».

■ La découverte de Paris

En 1858, Mme Zola s'installe à Paris avec son fils. Celui-ci entre au lycée Saint-Louis en classe de seconde. D'un côté, il s'adapte difficilement à sa nouvelle vie, il supporte mal la séparation d'avec ses amis ; il néglige ses études et échoue aux deux sessions du baccalauréat en 1859. De l'autre, il est enthousiasmé par son époque. Il arrive à Paris au fort des travaux d'Haussmann, à un moment de grandes mutations. Il est fasciné par la vie bouillonnante de la capitale. Malgré le manque d'argent et sa difficulté à trouver un emploi, il adhère totalement à son époque.

À Paris, il retrouve des peintres aixois qui l'amènent dans les ateliers. Il se lie avec les jeunes artistes qui cherchent des voies nouvelles dans leur art, les futurs impressionnistes : Pissarro, Guillemet, Manet, Monet, Renoir, Sisley, Bazille, Fantin-Latour, etc. Il les loue dans des articles retentissants qui font scandale, son regard se forme à leur école. Leur fréquentation le distingue des écrivains contemporains. Il écrit de très nombreux poèmes imités de Musset et des contes de fées.

■ L'entrée dans la vie active

Le 1er mars 1862, il est engagé comme employé par l'éditeur Louis Hachette. Il devient vite chef de la publicité. Il passe quatre années dans cette maison spécialisée dans l'édition de livres scolaires et la vulgarisation scientifique. Ce sont quatre années capitales. Il voit fonctionner de l'intérieur une grande maison de commerce et s'en souviendra quand il écrira *Au Bonheur des dames*. Il se fait de très nombreuses relations avec des journalistes et des écrivains de la maison (Sainte-Beuve, Taine, Littré). Il prend conscience de l'importance de la science et des problèmes de l'instruction, deux leitmotive de son œuvre à venir.

En février 1866, il décide de vivre de sa plume, comme journaliste et comme écrivain. Il écrit des centaines d'articles de critique littéraire, artistique, dramatique. C'est alors qu'il met en place les lignes directrices de son esthétique dans deux recueils d'articles parus en 1866, *Mes Haines* et *Mon Salon*.

Il a délaissé la poésie dès 1862, pour écrire des contes (son premier recueil, *Contes à Ninon*, paraît en 1864) et des romans dont, en 1867, *Thérèse Raquin*. À partir de 1868, il collabore également aux journaux d'opposition à l'Empire.

■ *Les Rougon-Macquart*

À la suite de ces divers apprentissages et de la mise au point de ses réflexions théoriques, Zola décide, en 1868, d'écrire une vaste fresque qui concurrencerait la *Comédie humaine* de Balzac. Il commence à en rédiger, dès 1869, le premier volume, *La Fortune des Rougon*, qui ne paraît en librairie qu'en 1871, à cause de la guerre avec la Prusse. *Les Rougon-Macquart. Histoire naturelle et sociale d'une famille sous le Second Empire* comprendront vingt romans. Zola achèvera la série en 1893. Parallèlement, il continue à rédiger des centaines d'articles pour les journaux. Il s'essaie également, mais sans succès, au théâtre.

Il mène une vie de galérien des lettres. Sa devise est « *Nulla dies sine linea* », pas un jour sans écrire une ligne. Depuis 1871, il s'est lié avec de grands écrivains dont il partage les idées : Flaubert, qu'il admire profondément, Edmond de Goncourt, Alphonse Daudet.

De jeunes romanciers se regroupent autour de lui, à partir de 1876 : ils sont attirés par les idées sur le roman et l'esthétique naturaliste qu'il énonce dans des articles retentissants et par ses romans, en particulier *L'Assommoir* (1877).

Cette dernière œuvre rencontre un grand succès, de scandale essentiellement. Zola va pouvoir s'acheter une petite maison sur les bords de la Seine, à Médan. Il l'agrandira au fils des ans et y passera de longs mois.

En 1880 et 1881, il rassemble en recueils la plus grande partie des articles de critique littéraire et dramatique qu'il a écrits depuis 1876, sous les titres *Le Roman expérimental*, *Le Naturalisme au théâtre*, *Nos auteurs dramatiques*, *Les Romanciers naturalistes*, *Documents littéraires*.

En 1880 également, il publie, avec cinq jeunes romanciers, Alexis, Céard, Hennique, Huysmans et Maupassant, un recueil de nouvelles, *Les Soirées de Médan*. Cette satire de la guerre, dont les auteurs montrent le vrai visage, prend pour le public valeur de manifeste de « l'école naturaliste ».

■ Les dernières œuvres

Les *Rougon-Macquart* terminés, Zola se lance dans deux autres séries. Dans *Les Trois villes*, *Lourdes* (1894), *Rome* (1896), *Paris* (1898), il veut faire le bilan du siècle finissant du point de vue philosophique, politique et social. Il n'achève pas le cycle suivant, les *Évangiles*, dans lequel il souhaite peindre la société idéale. Il publie *Fécondité* (1899), *Travail* (1901), *Vérité* (1902). *Justice* reste à l'état de projet.

Son travail et sa vie sont perturbés par l'affaire Dreyfus. À partir de 1896, il écrit plusieurs articles, dont « Pour les Juifs » et le célèbre « J'accuse », publié dans *L'Aurore* le 13 janvier 1898. L'effet est énorme. Zola souhaite provoquer un procès public pour faire éclater au grand jour la vérité : l'innocence du capitaine Dreyfus. Le procès s'ouvre le 7 février, dans une atmosphère passionnée. Zola est condamné à un an de prison et 3 000 francs d'amende. Le jugement est confirmé le 18 juillet. Il s'exile en Angleterre pour un an.

Il meurt le 28 septembre 1902, par asphyxie, la cheminée de sa chambre, peut-être intentionnellement bouchée par des antidreyfusards, tirant mal. Il est enterré le 5 octobre au cimetière Montmartre. Ses cendres sont transférées au Panthéon le 4 juin 1908.

■ Tableau des œuvres de Zola

L'Attaque du moulin dans *Les Soirées de Médan* (1880)

Recueils de contes et nouvelles :

Contes à Ninon (1864)

Esquisses parisiennes (1866)

Nouveaux contes à Ninon (1874)

Le Capitaine Burle (1882)

Naïs Micoulin (1883)

Œuvres romanesques :

La Confession de Claude (1865)

Le Vœu d'une morte (1866)

Les Mystères de Marseille (1867)

Thérèse Raquin (1867)

Madeleine Férat (1868)

* *Les Rougon-Macquart :*

La Fortune des Rougon (1871)

La Curée (1872)

Le Ventre de Paris (1873)
La Conquête de Plassans (1874)
La Faute de l'abbé Mouret (1875)
Son Excellence Eugène Rougon (1876)
L'Assommoir (1877)
Une page d'amour (1878)
Nana (1880)
Pot-Bouille (1882)
Au Bonheur des dames (1883)
La Joie de vivre (1884)
Germinal (1885)
L'Œuvre (1886)
La Terre (1887)
Le Rêve (1888)
La Bête humaine (1890)
L'Argent (1891)
La Débâcle (1892)
Le Docteur Pascal (1893)

* *Les Trois Villes :*
Lourdes (1894)
Rome (1896)
Paris (1898)

* *Les Évangiles :*
Fécondité (1899)
Travail (1901)
Vérité (1902)

Théâtre :
Thérèse Raquin (1873)
Les Héritiers Rabourdin (1874)

Le Bouton de rose (1878)

Renée (1887)

Livrets d'œuvres lyriques :

Le Rêve (1891)

L'Attaque du moulin (1893)

Messidor (1897)

L'Ouragan (1901)

Principales œuvres critiques :

Mes Haines ; *Mon Salon* (1866)

Le Roman expérimental (1880)

Le Naturalisme au théâtre; *Nos auteurs dramatiques*; *Les Romanciers naturalistes*; *Documents littéraires* (1881)

Une campagne (1882)

Nouvelle campagne (1897)

La Vérité en marche (1901)

4 - BIOGRAPHIE DE GUY DE MAUPASSANT

■ Une adolescence normande

Guy de Maupassant naît le 5 août 1850. Il est donc plus jeune que Zola de dix ans. Sa mère, entichée de noblesse, se pique de littérature, est autoritaire et hypersensible. Son père est égoïste, léger, coureur, dépensier. Le couple se sépare en 1860. Guy et son frère Hervé, né quatre ans plus tôt et qui mourra fou, vont vivre avec leur mère à Étretat. Guy y prend l'amour de l'eau et du bateau qui éclate dans toute son œuvre.

Maupassant entre d'abord à l'institution ecclésiastique d'Yvetot dont il est renvoyé au prétexte d'une pièce de vers qu'il a écrite et qui paraît licencieuse. Il poursuit ses études au collège impérial de Rouen, à partir de 1868, comme élève de rhétorique. Interne, il a pour correspondant le poète Louis Bouilhet, ami intime de Flaubert. Les deux hommes lisent et critiquent ses premiers essais poétiques. Il est reçu bachelier *ès* lettres en 1869.

■ La venue à Paris

Il vient à Paris en octobre 1869 et s'inscrit à la faculté de droit. À la déclaration de guerre, en juillet 1870, il est mobilisé. Puis il est versé, grâce aux démarches de son père, dans l'Intendance à Rouen. Démobilisé en novembre 1871, il doit gagner sa vie. Il entre alors au ministère de la Marine, où il occupe divers emplois médiocres.

Il continue, toutefois, malgré des périodes de découragement, d'écrire des contes. Il travaille de manière assidue, sous la direction de Flaubert, dont il rappelle les critiques et les conseils dans l'« Étude sur le roman » dont il fait précéder *Pierre et Jean*.

■ Naissance d'un grand écrivain

Il publie un premier conte, *La Main d'écorché*, en 1875, sous le pseudonyme de Guy de Valmont. Il s'essaie au théâtre : *À la feuille de rose, maison turque*, tribulations d'un jeune couple auquel on a fait prendre une maison close pour un sérail, est représentée en avril, dans l'atelier du peintre Leloir.

Quand Flaubert, son père spirituel, est à Paris, il rencontre chez lui Edmond de Goncourt, Alphonse Daudet, Émile Zola, Ivan Tourgueniev. Il se rend également chez Catulle Mendès, Mallarmé, Villiers de L'Isle-Adam. Il fréquente chez la princesse Mathilde, cousine de Napoléon III. Il canote, se baigne à Bezons, Chatou, Bougival. Il mène, en dehors de ses heures de bureau et pendant ses congés, une joyeuse vie. Mais il commence à souffrir de troubles divers. Le 2 mars 1877, il écrit à son ami Pinchon qu'il a « la grande vérole », c'est-à-dire la syphilis. Son état de santé ira, dès lors, en s'aggravant.

En 1878, il démissionne du ministère de la Marine et entre, grâce à la recommandation de Flaubert, à celui de l'Instruction publique. Il déteste son travail de « gratte-papier ». Il continue à écrire : des vers, des pièces de théâtre, des contes et un début de roman. Il retrouve régulièrement les jeunes romanciers qui ont offert, le 16 avril 1877, un repas, chez Trapp, à ceux qu'ils admirent et prennent pour modèles, Edmond de Goncourt, et surtout Flaubert et Zola.

Il participe aux *Soirées de Médan*. Il y publie *Boule de suif*. Ce récit, le meilleur du recueil, obtient un grand succès et les louanges de Flaubert. Ce dernier meurt peu après, le 8 mai. Maupassant est très profondément affecté. Mais le 31, il inaugure une collaboration régulière à divers journaux auxquels il donne contes et chroniques (*Le Gaulois*, *Gil Blas*, *L'Écho de Paris*), ce qui lui permet de renoncer à son emploi au ministère.

■ Un travail intense

Dès lors, Maupassant se consacre entièrement à l'écriture. Il compose plus de 160 contes qu'il réunit en recueils (*La Maison Tellier*, 1881, *Mademoiselle Fifi*, 1883, etc.) et six romans dont on trouvera les titres ci-dessous.

Il voyage, navigue sur son voilier, « Le Bel-Ami », se soigne. Il souffre de plus en plus : troubles oculaires, violents maux de tête, angoisses. Le 1er janvier 1892, il fait une tentative de suicide. Il est interné dans la clinique du docteur Blanche. Il meurt le 6 juillet 1893, à l'âge de 43 ans.

■ Œuvres de Maupassant

Boule de suif, dans *Les Soirées de Médan* (1880)

Recueils de nouvelles :

La Maison Tellier (1881)

Mademoiselle Fifi (1882)

Contes de la bécasse (1883)

Clair de lune; *Miss Harriet*; *Les Sœurs Rondoli* (1884)

Yvette; *Contes du jour et de la nuit*; *Toine* (1885)

Monsieur Parent; *La Petite Roque* (1886)

Le Horla (1887)

Le Rosier de Madame Husson (1888)

La Main gauche (1889)

L'Inutile Beauté (1890)

Romans :

Une vie (1883)

Bel-Ami (1885)

Mont-Oriol (1886)

Pierre et Jean (1888)

Fort comme la mort (1889)

Notre Cœur (1890)

2

LES ESTHÉTIQUES DE ZOLA ET DE MAUPASSANT

Si les deux romanciers partagent la même volonté de s'opposer au roman idéaliste à la mode, s'ils se réclament tous deux d'un roman de la vérité, étudiant la société contemporaine, ils divergent sur un certain nombre de points.

On ne peut pas d'ailleurs, parler d'« école » naturaliste, nous l'avons déjà dit. Tout au plus peut-on affirmer qu'à partir de 1865, c'est-à-dire à partir de la publication par les frères Goncourt de *Germinie Lacerteux* et de leur préface célèbre, a existé un courant nouveau, un mouvement auquel ont adhéré des personnalités extrêmement diverses, mais unies par des affinités communes.

Sous le terme de « naturalisme », commode mais ambigu, on réunit donc divers auteurs, parmi lesquels Zola et Maupassant, qui se retrouvaient chez l'un ou l'autre, ou à des repas institutionnalisés, qui se soutenaient pour imposer une nouvelle manière en littérature, mais aussi qui se jalousaient, se critiquaient, se fâchaient. Maupassant, par exemple, est loin d'être tendre pour certains des articles de Zola dont il se moque en compagnie de Flaubert.

1 - REPÈRES CHRONOLOGIQUES ET ŒUVRES

■ Le mouvement réaliste

Textes théoriques :

– Champfleury (1821-1889) : *Le Réalisme*, recueil d'articles, 1857 ;

– Duranty (1833-1880) ; *Réalisme*, revue, 6 numéros, de novembre 1856 à mai 1857.

Romans :

– Champfleury :

Les Aventures de Mademoiselle Mariette, 1853 ;

Les Bourgeois de Molinchart, 1857.

– Duranty :

Le Malheur d'Henriette Gérard, roman de mœurs, 1860 ;

La Cause du beau Guillaume, 1862.

– Flaubert :

Madame Bovary, 1857

L'Éducation sentimentale, 1869.

■ Le mouvement naturaliste

Textes théoriques :

– Edmond et Jules de Goncourt :

Préface de *Germinie Lacerteux*, 1865 ;

– Zola :

Mes Haines, 1866, recueil d'articles ;

Le Roman expérimental, 1880, recueil d'articles ;

Le Naturalisme au théâtre, 1881, recueil d'articles ;

Les Romanciers naturalistes, 1881, recueil d'articles ;

– Maupassant :

« Étude sur le roman », publiée en tête de *Pierre et Jean*, 1888.

Romans sur lesquels nous nous appuierons :

– Zola :

La Curée, 1872 ;

Le Ventre de Paris, 1873 ;

L'Assommoir, 1877 ;

Pot-Bouille, 1882 ;

Au Bonheur des dames, 1883 ;

Germinal, 1885 ;

– Maupassant :

Une vie, 1883 ;

Mont-Oriol, 1887 ;

Pierre et Jean, 1888.

Autres lectures possibles :

Henry Céard, *Une belle journée*, 1881 ;

Edmond et Jules de Goncourt, *Germinie Lacerteux*, 1865 ; *Madame Gervaisais*, 1869 ;

Edmond de Goncourt, *La Fille Elisa*, 1877 ;

J. K. Huysmans, *Marthe. Histoire d'une fille*, 1876 ; *Les Sœurs Vatard*, 1879, *En ménage*, 1881, *À-Vau-l'eau*, 1882, *En rade*, 1887.

2 - RÉSUMÉ DES ŒUVRES

■ Zola

La Curée, 1872

La Curée est le second volume des *Rougon-Macquart*. L'intrigue se déroule d'octobre 1862 à l'été 1864. Les Rougon ont conquis Plassans (c'est le sujet de *La Fortune des Rougon*, premier volume de la série) ; leurs fils vont conquérir Paris.

Aristide s'abat « sur Paris, au lendemain du 2 décembre, avec ce flair des oiseaux de proie qui sentent de loin les champs de bataille ». Il veut participer à la curée que permet la politique des grands travaux menée par Napoléon III et le préfet de la Seine, Haussmann.

Employé à l'Hôtel-de-Ville, il fouine, flaire, pénètre les projets les plus secrets de l'Empereur. Sa femme étant morte, il épouse, grâce à sa sœur Sidonie, qui lui sert d'entremetteuse, une jeune fille de la grande bourgeoisie de robe, Renée Béraud du Châtel, séduite par un homme marié et enceinte. Il accepte de « laver la faute », moyennant une forte somme qui va lui permettre de se lancer dans les affaires. Il prend un nom de guerre, Saccard. Arrivé à Paris avec à peine 500 francs en poche, il échafaude, en quelques années, une immense fortune et se fait bâtir un somptueux hôtel particulier en bordure du parc Monceau.

La Curée est donc, d'abord, le roman de la spéculation foncière et de ses conséquences sociales et humaines, souvent tragiques : une population de petits employés et d'ouvriers est chassée du centre et de l'Est de la ville où l'on bâtit des immeubles de rapport, dont les loyers sont trop élevés pour eux. Le roman est un violent pamphlet contre le régime napoléonien et la société de profiteurs qui le soutient.

Renée, la très belle épouse de Saccard, est la reine de cette société brillante où tout est mise en scène et illusion. Elle dépense sans compter, mais s'ennuie. Orpheline de mère, mal aimée par son père et par sa tante, abandonnée pendant des années dans un couvent, mariée à un inconnu qui n'a de mari que le nom, Renée se sent désespérément seule. Elle est en quête de sensations nouvelles. Elle est victime de son éducation, de son hérédité, de la société, du mariage. Elle devient la maîtresse du fils de son mari, Maxime. *La Curée* pose donc la question de l'éducation des filles et du statut de la femme dans la société.

Saccard connaît ses premiers soucis d'argent réels. Il met en place une combinaison pour dépouiller sa femme de terrains qu'elle a reçus en héritage. Il les convoite depuis qu'il l'a épousée, mais elle a, jusque-là, refusé de s'en défaire. Leur vente à la Ville de Paris rapporterait de grands bénéfices, parce qu'ils sont situés sur le tracé d'un futur boulevard. Saccard, par ailleurs, songe à marier son fils Maxime à Louise de Mareuil, dont il convoite la dot d'un million.

Après quelques mois de bonheur avec Maxime, Renée se détraque de plus en plus. Elle est tiraillée entre ce qui reste en elle de son origine bourgeoise, de son éducation et de la morale qu'on lui a inculquée et sa passion vers laquelle tout, autour d'elle, la pousse.

Accablée par des dettes énormes, par les besoins d'argent que nécessite sa vie avec Maxime et la satisfaction de ses désirs, elle est la proie d'une nouvelle fatalité, l'argent, contre laquelle elle essaie de lutter, en vain. Saccard la surprend dans les bras de Maxime et finit par lui arracher la signature qui lui permet d'obtenir les terrains convoités. Maxime, auquel fait peur la violence passionnée de la jeune femme, l'abandonne et épouse Louise.

Renée, Phèdre moderne, a perdu sur tous les plans. Elle meurt d'une méningite aiguë. Son père paie ses dettes, très lourdes, au grand couturier Worms.

Le Ventre de Paris, 1873

Troisième volume des *Rougon-Macquart*, *Le Ventre de Paris* se déroule à partir de septembre 1858. Florent retrouve le quartier des Halles après des années d'absence. Rêveur inoffensif, il a été arrêté dans la rue, au moment du coup d'État de décembre 1851 et envoyé au bagne, à Cayenne, après une parodie de jugement. Il s'en est évadé, après avoir enduré des souffrances inouïes.

Il cherche la boutique de son demi-frère Quenu, qu'il a élevé après la mort de leur mère, sacrifiant ses études et son avenir. Mais il ne reconnaît pas le quartier, complètement transformé par les travaux d'Haussmann et la construction des nouvelles Halles par Baltard. Le peintre Claude Lantier qui, comme Zola, admire leur architecture aérienne de fer et de verre, les lui fait visiter. Florent rencontre une ancienne connaissance, le marchand de volaille Gavard, qui l'amène à la nouvelle boutique de Quenu.

Celui-ci, qui a hérité, pendant l'absence de Florent, de l'oncle Gradelle, a épousé la belle et grasse Lisa Macquart, qui trône dans sa boutique, face aux Halles. Le couple a une petite fille, Pauline. Ils symbolisent le « ventre boutiquier », le ventre de « l'honnêteté moyenne » qui profite du régime et trouve que tout va pour le mieux.

On croyait Florent mort et il est en situation irrégulière. On le fait donc passer pour un cousin. Mais la curiosité du voisinage est éveillée. Lisa, femme honnête, qui ne volerait pas un centime mais qui est très égoïste, se sent mal à l'aise au contact de ce Maigre qui vient déranger sa tranquillité et le petit univers de quiétude qu'elle a construit. Inversement, cet univers de Gras répugne à Florent, le Maigre, l'idéaliste. Il accepte toutefois de remplacer un inspecteur malade au pavillon de la marée, mais pour ne rien devoir à l'Empire qu'il exècre, il reverse une grande partie de son salaire à celui qu'il remplace et qui l'exploite.

D'abord souffre douleur des terribles marchandes de poisson, Florent finit par trouver une alliée en Louise Méhudin. Il donne des leçons à son fils, le petit Muche. Mais, poussé par Gavard, Florent devient un habitué du café Lebigre, où se retrouvent des opposants au régime. Il rêve alors de balayer l'Empire. Il anime une petite société secrète, poursuivant des rêves de justice. Lisa, qui l'apprend d'une vieille fille, Mlle Saget, décide de se débarrasser de lui, avec l'accord de son confesseur.

Elle enquête à son tour et veut rencontrer Gavard. Marjolin, un enfant élevé dans les Halles avec la petite Cadine par la vieille Chantemesse propose de la conduire à lui. Il l'entraîne dans la cave aux volailles et essaie de la violenter. Lisa se défend, le fait tomber et le laisse pour mort, sans se soucier de lui. Il restera idiot. Mais elle est sûre d'avoir agi en femme « honnête ».

Elle découvre dans la chambre de Florent des projets de révolution. Elle va le dénoncer, d'autant que Mlle Saget, qui espionne de son côté, a découvert sa réelle identité. Le jeune homme sera arrêté et renvoyé à Cayenne. Le monde des Gras, un moment perturbé par l'arrivée de cet indésirable, retrouve son calme et peut à nouveau digérer en paix. Le roman, qui est une satire féroce des petits boutiquiers partisans d'un régime qui leur a donné l'aisance, se termine sur ces mots : « Quels gredins que les honnêtes gens ! »

Les Halles sont omniprésentes dans le roman. Zola admire l'architecture si décriée à son époque de ces bâtiments malheureusement démolis dans les années 1970. Il est surtout fasciné par leur vie fantastique et souvent barbare, par leur débordement de nourritures, leurs couleurs, leurs odeurs. Elles deviennent un organisme énorme, monstrueux. Elles suscitent aussi, par leur accumulation de toutes sortes de produits, une rêverie de la matière, qui se nourrit de fantasmes propres au romancier : obsession de l'enlisement, peur du gras, du visqueux. Le romancier prête ses fantasmes à Florent.

L'Assommoir, 1877

L'Assommoir est le septième des *Rougon-Macquart*. Le roman se situe dans le quartier de la Goutte-d'Or, au-delà de la barrière Poissonnière, où viennent habiter les petits employés et les ouvriers chassés du centre de Paris. Nous sommes dans les faubourgs de la capitale, loin des quartiers riches de *La Curée* ou des Halles.

Zola décrit un milieu qu'il connaît : il a, dans ses premières années parisiennes, habité de grandes maisons ouvrières. Il a connu les difficultés matérielles. Sa mère est issue d'une famille de petits artisans peu fortunés, qu'il fréquente.

Avec *L'Assommoir*, Zola raconte « la simple vie de Gervaise », la fille d'Antoine Macquart, de son arrivée à Paris, dans la force de la jeunesse, à l'âge de 22 ans, à sa mort, dix-neuf ans plus tard, en pleine décrépitude morale et physique.

Gervaise a quitté Plassans avec son amant, Auguste Lantier, un ouvrier chapelier, dont elle a déjà deux enfants, Claude (le futur peintre qui apparaît dans *Le Ventre de Paris* et surtout dans *L'Œuvre*) et Étienne (qu'on retrouvera dans *Germinal*).

Leurs maigres économies vite mangées, Lantier l'abandonne. Jolie, dure à la peine, elle est blanchisseuse. Elle épouse un ouvrier zingueur, Coupeau. À force de travail, le couple arrive à une certaine aisance. Une fille naît, Nana. Mais Coupeau tombe d'un toit. Gervaise, qui ne veut pas l'envoyer à l'hôpital, le soigne chez elle. Sa maladie et sa longue convalescence dévorent les économies du ménage. Coupeau prend de mauvaises habitudes : paresse, alcoolisme, il a désormais peur de monter sur un toit.

Grâce à un voisin qui lui prête de l'argent, le forgeron Goujet, type du bon travailleur, Gervaise peut réaliser son rêve : se mettre à son compte. Elle est très habile repasseuse, elle a des ouvrières. Sa blanchisserie est très vite prospère. Mais Coupeau boit de plus en plus et il installe dans le ménage l'ancien amant de sa femme, Lantier, qui est revenu dans le quartier. Les deux hommes se font entretenir par la jeune femme qui tombe de lâcheté en lâcheté : elle se laisse aller à la gourmandise, à la paresse et reprend des relations avec Lantier. Cette déchéance morale s'accompagne d'une terrible déchéance physique.

Gervaise se met à boire à son tour. Elle doit abandonner sa boutique que la pratique a délaissée. Coupeau mourra à l'hôpital d'une crise de *delirium tremens.* Gervaise, qui est montée vivre au dernier étage de la grande maison ouvrière, dans le « coin des pouilleux », est retrouvée morte de faim. Ses deux fils, Claude et Étienne étaient depuis longtemps placés. Quant à Nana, elle s'était enfuie pour échapper aux coups et à la misère. On la retrouvera dans le roman qui porte son nom (*Nana*, 1880) : elle est devenue l'une des filles entretenues les plus célèbres de Paris, elle croque des fortunes, mais meurt de la variole à l'âge de 20 ans.

Avec *L'Assommoir*, Zola pose le problème de la misère ouvrière, des conditions de vie très difficiles et de l'alcoolisme. Gervaise est prise dans un piège auquel elle ne peut pas échapper. Malgré ses qualités, elle est condamnée à l'avance. Elle est victime de son hérédité très lourde mais son échec est surtout celui de sa pauvreté initiale. Elle est la victime d'une forme moderne du destin, d'une fatalité sociale qui met à l'écart une classe, la parque et la déshumanise pour en faire la pâture de ses monstres.

La vie de Virginie, la nouvelle maîtresse de Lantier, qui a repris la boutique de Gervaise, suit le même cours, comme celle de Gervaise suit le cours de la vie du père Bru, vieil ouvrier au chômage, mort de misère, comme Lalie Bijard meurt rouée de coups par son père alcoolique. Contre ce « choléra de la misère », les ouvriers se laissent aller à la tentation de l'alcool, qui est un piège nouveau.

Zola s'inscrit en faux contre tous ceux qui affirment que le travail, la tempérance, l'économie, le sens de la famille, leur permettraient de s'en sortir. *L'Assommoir* est un roman noir qui affirme la nécessité de réformes urgentes, pour que le flot qui emporte Gervaise n'emporte pas, plus tard, la société tout entière.

L'héroïne est enfermée dans un univers symbolique et mythique, limité par les abattoirs et l'hôpital, où tout est noir et boueux. Ce monde est peuplé de forces hostiles. Zola doue, en particulier, l'alambic du père Colombe, comme la grande maison ouvrière qu'habite la plupart des personnages du roman, d'une vie monstrueuse. Il faut, enfin, souligner que l'écrivain ne se contente pas de peindre les conditions de vie, le travail, les mœurs de ses personnages. Il restitue la langue de cette fraction de la classe ouvrière, tentative tout à fait nouvelle.

Pot-Bouille, 1882

Avec *Pot-Bouille*, dixième *Rougon-Macquart*, Zola aborde un milieu tout à fait différent : celui de la petite bourgeoisie. Il dévoile la « pot-bouille » de cette classe, sa « cuisine de tous les jours, cuisine terriblement louche et menteuse sous son apparente bonhomie. » Écœuré par le scandale soulevé par *L'Assommoir*, puis par *Nana*, il montre ce qui se cache derrière les belles façades des immeubles bourgeois habités par « les classes distinguées ».

Zola situe l'action, qui se déroule de novembre 1861 à décembre 1863, essentiellement dans une maison bourgeoise nouvellement bâtie, rue de Choiseul. Elle est un pendant de la grande maison ouvrière de la Goutte-d'Or. La maison est à l'image de ceux qui l'habitent : une belle façade, un vestibule et un escalier au luxe violent, mais une cour intérieure qui n'est qu'un boyau infect dans lequel les bonnes déversent leurs détritus et des révélations ordurières sur leurs maîtres.

Le bel Octave Mouret arrive de Plassans et vient loger dans l'immeuble : il y connaît Campardon, architecte diocésain et son épouse. Mouret séduit ou cherche à séduire toutes les femmes de la maison, Berthe Vabre, Valérie Vabre, Marie Pichon, Mme Juzeur. Il découvre surtout la réalité de la vie que mènent les locataires. À tous les étages, ce ne sont que ménages désunis, ménages à trois, adultères, luttes autour d'héritages, misères morales et matérielles que l'on cherche à masquer, conduites honteuses comme celle du conseiller à la cour d'appel, Duveyrier.

Ce dernier mène une liaison lamentable avec une fille, Clarisse, qui finit par le chasser. Il veut alors se tuer, se manque et se rabat sur la bonne des Josserand, ce « torchon d'Adèle ». Lors d'une réception que donne sa femme, il se félicite d'avoir fait condamner une ouvrière misérable qui a laissé mourir son nouveau-né, tandis qu'Adèle, seule dans sa soupente, met au monde un enfant qu'elle doit abandonner.

Mme Josserand, qui terrorise ses filles, son mari et ses domestiques, est un type terrible de mère et d'épouse, dont la seule ambition est de faire croire à sa fortune (inexistante) et de marier ses filles. Elle leur apprend la « chasse au mari » et, aussi, le mépris de l'homme. Seule Mme Hédouin, patronne du magasin de nouveautés « Au Bonheur des dames », dans lequel travaille Octave Mouret, échappe à ces vilenies. Zola en fait un type de femme raisonnable, active, un modèle. C'est elle qui propose à Mouret, dont elle a reconnu les qualités de vendeur et l'esprit d'entreprise, un mariage qui est une véritable association.

Pot-Bouille est donc une satire au vitriol d'une classe sociale. Le roman pose aussi une question d'actualité, celle de l'éducation des filles qu'on était en train de discuter.

Au Bonheur des dames, 1883

Au Bonheur des dames suit *Pot-Bouille*. Il se déroule entre 1864 et 1869. Octave Mouret, qui a épousé, à la fin de ce dernier roman, sa patronne, Caroline Hédouin, transforme, en quelques années, sa modeste maison de nouveautés (de tissus) en un grand magasin moderne, symbole du nouveau commerce. Veuf, riche, beau, il a de nombreuses liaisons avec des vendeuses ou des clientes. Mais il tombe amoureux d'une jeune provinciale, Denise Baudu, une de ses demoiselles de magasin, qui se refuse à lui. Denise est une fille honnête, qui élève ses deux frères. Mouret finit par l'épouser.

Denise est, à l'image de Caroline Hédouin, une associée idéale, qui comprend le commerce moderne. Elle conseille Mouret, lui suggérant un certain nombre de mesures destinées à améliorer les conditions de travail des employés, mais aussi leur efficacité. Zola a voulu, avec ce roman, faire « le poème de l'activité moderne. » Il oppose donc le grand commerce, éclatant de vie et de couleurs, au petit commerce, sclérosé, moribond, incarné par les Baudu, marchands de tissus, ou le vieux Bourras, marchand de parapluies.

Par cette opposition poussée au noir, et en opposant également Octave Mouret à un ancien condisciple, Paul de Vallagnosc, pétri de la pensée pessimiste de Schopenhauer, Zola veut battre en brèche les théories sur la vanité de la vie qui étaient à la mode.

Le roman est, par ailleurs, un vrai conte bleu, l'amour triomphe de manière assez invraisemblable. Rares sont les patrons qui épousent leurs petites ouvrières ! Mais c'est un très bon documentaire sur une forme de commerce tout à fait nouvelle à l'époque, un des phénomènes les plus caractéristiques du monde moderne : c'est sous le Second Empire, en effet, qu'ont été fondés, à Paris, les Grands Magasins, dont plusieurs subsistent toujours. Ils ressemblent, par bien des côtés, à celui imaginé par le romancier. « Au Bonheur des dames » est un véritable organisme vivant, un ogre qui avale les marchandises et les femmes, broie tout alentour et tue impitoyablement tout ce qui lui résiste. Octave, cependant, maîtrise cette machine, régule les flux, la dirige comme un véritable capitaine de navire.

Germinal, 1885

Le plus célèbre des romans de Zola, *Germinal*, est le treizième *Rougon-Macquart* et son deuxième roman ouvrier. C'est l'histoire d'une grève, « le soulèvement des salariés, le coup d'épaule donné à la société qui craque un instant, la lutte du capital et du travail. »

L'action se déroule dans le bassin houiller du nord de la France, de mars 1866 à avril 1867. Étienne Lantier, un des fils de Gervaise, est renvoyé des chemins de fer, à Lille, pour avoir giflé son chef. Il se fait engager au puits du Voreux, dans l'équipe des Maheu. Il va dès lors partager la vie et le travail éreintant et dangereux des mineurs, qui sont écrasés par le Capital-Minotaure. Plus évolué que ses camarades, il se révolte. Il se met en contact avec un *leader* socialiste qu'il a connu à Lille, lit brochures et livres, d'où il tire des idées approximatives.

Il organise la lutte contre la compagnie des mines, enflammant ses compagnons par ses discours. Il crée une caisse de secours. Mais la compagnie provoque la grève avant que les fonds recueillis soient suffisants pour permettre aux mineurs de tenir. Exaspérés par la faim et la colère, ceux-ci détruisent les installations de surface, jettent des pierres contre la maison du directeur, les femmes s'en prennent à l'épicier Maigrat qui a partie liée avec le patronat. Au bout de deux mois et demi de luttes et de souffrances, le travail reprend, après que la troupe, appelée par la compagnie, a tiré sur les grévistes et fait des morts.

L'anarchiste Souvarine sabote l'installation pour provoquer l'effondrement du Voreux. Des mineurs sont enfermés au fond, les eaux envahissent les galeries. Parmi les victimes, se trouvent Étienne et Catherine, la jeune fille qu'il n'a pas osé conquérir et qui meurt dans ses bras. Étienne, sauvé, part pour Paris un matin de printemps, aube symbolique des temps nouveaux, tandis que l'armée vengeresse des mineurs germe sous la terre.

Zola, qui s'est documenté à Anzin, est descendu dans un puits de mine, restitue avec précision les conditions de travail et de vie, les maladies, les mœurs des mineurs. Il présente aussi le tableau des tensions opposant le petit capital rentier (le couple des Grégoire) à la petite industrie (la mine de Deneulin) et au grand capital anonyme (la compagnie minière). Prenant le contre-pied des discours paternalistes bourgeois et de « l'humanitairerie » lénifiante de la gauche, il rend sensible la dureté de la condition des mineurs, ravalés par le capital à un travail et à une vie de bêtes dans les ténèbres de l'enfer, à travers une série d'oppositions et de parallélismes rigoureusement menés.

Mais s'il est humainement du côté des exploités, les tensions explosives qu'il perçoit dans la société lui inspirent de la peur. Pressentant l'émergence des masses et leur force future, face à un capitalisme avide et rigide, il reprend le discours apocalyptique courant à l'époque, le mythe du Grand Soir, de la destruction de la civilisation et du retour à la barbarie. Cette peur se lit aussi dans la présentation qu'il fait des *leaders* ouvriers, de leur savoir mal digéré et de leurs querelles intestines. Mais, avec le personnage d'Étienne qui, bien que chargé d'une lourde hérédité, devient un authentique militant révolutionnaire, le roman bascule vers l'espoir d'un avenir de justice. Zola reviendra sur le problème des tensions sociales à l'œuvre dans la société et sur la légitimité de la violence ouvrière dans *Paris* (1898).

■ Maupassant

Une vie, 1883

Une vie est le premier roman de Maupassant et le seul que l'on puisse réellement rattacher au mouvement naturaliste. L'œuvre, courte, est divisée en 14 chapitres qui ponctuent environ trente ans de la vie de l'héroïne, non pas une « belle » vie, mais une vie banale, monotone, qu'aucun adjectif ne saurait qualifier.

Jeanne, son père le baron Le Perthuis des Vauds, sa mère et leur servante Rosalie, sa sœur de lait, quittent Rouen pour aller passer l'été dans la propriété des *Peuples*, « vieux château de famille planté sur la falaise auprès d'Yport ». La jeune fille, qui vient de quitter le couvent du Sacré-Cœur, est âgée de 17 ans. Nous sommes le 2 mai 1819. Sévèrement cloîtrée jusque-là, « ignorée et ignorante des choses humaines », « radieuse, pleine de sèves et d'appétits de bonheur, prête à toutes les joies », elle rêve d'amours idéales.

Elle découvre le manoir que son père lui donne, sa chambre ornée de tapisseries racontant les malheurs de Pyrame et Thysbé, sorte d'annonce de ce que sera sa vie, et surtout le vaste paysage, le parc et, au loin, la mer. C'est pour elle « le commencement de sa vie », « le lever de ses espérances ». Débute pour Jeanne une vie heureuse de découvertes, de promenades, de baignades, tandis que son père, disciple enthousiaste de Rousseau, lui aussi amoureux de la nature, va en mer pêcher avec les marins d'Yport et que sa mère, très grosse, se contente d'arpenter, au bras de Rosalie, une allée du parc, toujours la même.

Un jour, l'abbé Picot présente à la famille un de leurs voisins, le vicomte Julien de Lamare, beau garçon élégant et au charme langoureux. Orphelin, il a dû vendre le château familial et ne dispose que de faibles revenus. Il séduit immédiatement Jeanne qui éprouve ses premiers émois amoureux. Quant à la baronne, elle est charmée par le jeune homme, aussi féru de généalogie qu'elle.

Le mariage est décidé pour le 15 août. « La radieuse saison des fiançailles commença », très brève. Jeanne se retrouve mariée avec un quasi-inconnu. Sa désillusion est immense. « Il n'y avait qu'un homme de plus dans la maison. »

Les époux partent en voyage de noce en Corse. Ce sont pour la jeune femme, deux mois de bonheur. Elle découvre une nature et des habitants sauvages, extraordinaires, et le plaisir des sens. Mais sa griserie n'est pas totale. Julien se montre avare, il lui demande les 2 000 francs donnés par sa mère pour ses petites dépenses personnelles. Il ne lui donne que cent francs, elle n'ose pas lui en réclamer davantage.

Ils reviennent aux *Peuples* au début de novembre. Les « longs ennuis de la vie monotone » commencent. Jeanne est désœuvrée, son mari fait chambre à part et ne s'occupe plus d'elle. Mais il prend en main la direction de la fortune et de la maison, reproche durement à ses beaux-parents leur trop grande bonté et leurs dépenses. Il devient d'une parcimonie féroce. On peut même se demander s'il n'a pas épousé Jeanne pour sa fortune. La servante Rosalie accouche. Elle refuse de dire qui est le père, mais Jeanne découvre la vérité. Dès le premier soir de leur retour de Corse, Julien l'a prise pour maîtresse. Son enfant est de lui. Elle refuse de la renvoyer comme il le souhaite. Malgré les violents reproches de leur gendre, le père de Jeanne et sa femme, donnent à Rosalie une ferme et la marient.

Jeanne, sur les conseils du prêtre, pardonne. Elle accouche bientôt d'un fils, Paul, et devient une mère fanatique. Son mari prend pour maîtresse une voisine, la jolie comtesse Gilberte de Fourville. Jeanne surprend le couple mais ne dit rien.

Un nouveau prêtre, fanatique, qui veut réformer les mœurs, l'abbé Tolbiac, remplace le débonnaire abbé Picot. Il a surpris les amants, exhorte Jeanne à quitter son mari, ce qu'elle refuse. Il les dénonce alors au comte de Fourville, un jour qu'ils sont dans une cabane de berger. Celui-ci, fou de jalousie, pousse la cabane jusqu'au bord de la falaise où elle se fracasse en tombant. Les amants sont tués.

Jeanne, dont la mère est morte peu auparavant, vit avec son père et sa tante. Leur seule pensée est Paul, qui n'entre au collège du Havre qu'à 15 ans. Bientôt, le jeune homme sort avec des amis, fait de lourdes dettes, s'enfuit à Londres avec une femme. Il n'écrit que pour réclamer de l'argent et son héritage. Il monte une affaire et fait faillite. Jeanne paie ses dettes.

Le baron et la tante Lison étant morts, Jeanne reste seule, pratiquement ruinée par son fils qui ne lui donne plus signe de vie. Rosalie décide alors de venir vivre avec elle et de s'occuper des affaires. Jeanne, en vingt-quatre ans, est devenue une « vieille femme aux cheveux blancs, maigre et fanée » bien qu'elle n'ait que 42 ans. Elle doit vendre les *Peuples* pour aller vivre chichement dans une petite maison près de Goderville. Elle s'adapte mal à sa nouvelle demeure, la mer lui manque. Sa sentimentalité maladive croît. Elle est totalement abêtie.

Elle n'a pas de nouvelles de son fils jusqu'au jour où il lui apprend que sa compagne a mis au monde une petite fille et se meurt. Rosalie part à Paris. Après avoir marié le couple, juste avant la mort de la mère, afin que la petite fille soit reconnue, elle revient en Normandie avec l'enfant. Paul arrivera après les obsèques. C'est à Rosalie que revient d'énoncer la conclusion : « La vie, voyez-vous, ça n'est jamais si bon ni si mauvais qu'on croit. »

Une vie est un roman normand, dans lequel la nature et la mer tiennent une grande place. C'est un roman de la condition féminine et une chronique sociale. Maupassant y décrit la noblesse de province qu'il connaissait bien et dont il fait une satire mordante. Les problèmes d'argent y sont omniprésents.

Mont-Oriol, 1887

L'histoire est découpée en deux parties, couvrant chacune un été. Elle se déroule dans une petite ville d'eau située au fond d'un « superbe vallon auvergnat », Enval (nom inventé par Maupassant). Le romancier entrelace deux intrigues principales : une liaison amoureuse et la fondation d'une station thermale. L'argent, moteur de toutes sortes d'intrigues et de la psychologie de la plupart des personnages, sert de fil conducteur au roman.

Christiane, belle parisienne de 21 ans, fille du marquis de Ravenel et épouse du riche banquier juif William Andermatt, vient d'arriver à Enval pour soigner des maux divers et une stérilité durable. Elle est bientôt rejointe par son frère Gontran qui est accompagné d'un de ses amis avec lequel il voyage, Paul Brétigny.

Au premier abord, Christiane trouve Paul mal dégrossi, brutal, sauvage. Celui-ci la trouve niaise. Mais la jeune femme, dont l'éducation a été « nulle » et qui n'a épousé son mari que pour l'argent, est bientôt séduite par ce que lui dit « ce nouveau venu » qui « ouvr(e) son intelligence ». De son côté, il découvre qu'elle est différente des femmes qu'il connaît. Ils s'aiment bientôt avec passion. Elle lui appartient « corps et âme ». *Mont-Oriol* est un grand roman d'amour. Maupassant en analyse la naissance, les premiers émois, les différentes étapes. L'œuvre annonce déjà les romans « psychologiques » qui vont suivre.

Une deuxième intrigue s'entrelace à cette première. Un riche paysan d'Enval, propriétaire de nombreuses terres, Oriol (nom-programme), fait un jour sauter un morne, une pierre immense, qui le gênait dans une de ses vignes. L'explosion fait jaillir une source. Andermatt comprend aussitôt le profit qu'il pourrait en tirer. C'est un homme d'affaires habile, qui explique avec enthousiasme ses projets. Pour lui, comme pour le Saccard de *La Curée*, faire des affaires, « c'est vivre. (...) Nous sommes les puissants d'aujourd'hui, voilà, les vrais, les seuls puissants ! » Mais Andermatt n'a pas la puissance et la force d'invention de Saccard.

Andermatt essaie donc de convaincre le père Oriol de lui vendre les terrains où a jailli la source. La négociation est difficile, car le rusé paysan cherche à en tirer le plus d'argent possible.

La deuxième partie du roman se déroule l'été suivant. La station a été créée. Christiane, enceinte, attend Paul depuis un mois. Celui-ci tarde à venir car il s'est dépris de sa maîtresse qu'il a revue à Paris pendant l'hiver. Il l'adorait, mais se détourne d'elle depuis qu'elle est enceinte. « La maternité faisait de cette femme une bête. » Sa grossesse, au contraire, attache encore plus Christiane au jeune homme, père de son enfant.

Andermatt, lassé de donner de fortes sommes d'argent à son beau-frère Gontran, qui ne fait rien, lui conseille d'épouser une des filles du père Oriol. Louise et Charlotte, qui ont été élevées au couvent, sont jolies, vives, intelligentes et elles auront une belle dot. Gontran courtise d'abord la cadette, se tourne ensuite vers l'aînée, car c'est à elle que son père donnera les terres que convoite Andermatt. Paul, touché par la douleur de Charlotte, la console. Le père Oriol les surprend le jour où il l'embrasse. Devant la colère du paysan, Paul propose d'épouser la jeune fille qui ne lui déplaît pas.

Christiane, très douloureusement affectée par cette décision, tombe malade et accouche, difficilement, d'une petite fille dont la naissance rend Andermatt fou de joie. Il n'a jamais rien soupçonné des relations de sa femme avec Paul.

Mont-Oriol est d'abord la chronique d'une ville d'eaux. Maupassant, qui s'inspire étroitement des expériences qu'il a faites au cours de ses cures à Châtel-Guyon, en recrée l'atmosphère : potins, curistes et leurs activités, distractions, médecins, surtout, qui « semblent sortir des sources, à la façon des bulles de gaz ». Le romancier dresse quelques portraits très critiques de ces hommes de l'art, de leurs manières, des soins qu'ils prodiguent, des ordonnances qu'ils rédigent, des appareils qu'ils inventent.

Mont-Oriol est aussi un roman auvergnat. L'Auvergne n'est pas seulement une toile de fond, un élément pittoresque, même si le romancier essaie de transcrire le patois des paysans. Maupassant a été fasciné par la beauté de ses paysages. Il fait passer l'émotion et l'enthousiasme qu'il a ressentis à travers les réactions de Paul. Le paysage auvergnat tient une place importante dans l'œuvre.

Mont-Oriol est encore un roman de la condition féminine. Mal ou pas éduquées, naïves, épouses mal mariées, les jeunes filles et les femmes sont facilement séduites et vite délaissées. Ou encore elles sont épousées pour leur dot. L'attitude de Gontran de Ravenel est typique. Il est attiré par Charlotte, lui fait la cour, mais quand il apprend qu'elle n'aura pas la dot escomptée, il se tourne vers sa sœur Louise sans se soucier du mal qu'il fait à la jeune délaissée.

Car *Mont-Oriol* est, enfin, un roman de l'argent. De la création de la nouvelle station thermale, on espère de gros bénéfices. Maupassant montre comment on fabrique une station, à coups d'intrigues et de publicité mensongère. Pour influencer les curistes, on se sert, en particulier, d'un faux paralytique, qui joue la comédie de la guérison, moyennant finance, le père Clovis.

Pierre et Jean, 1888

Pierre et Jean est le quatrième roman de Maupassant. Il a à peine 150 pages, ce qui explique que l'écrivain lui ait joint son étude sur le roman. L'intrigue se déroule sur deux mois environ. Il met en scène cinq personnages principaux. Deux frères, aux tempéraments aussi opposés que l'est la couleur de leurs cheveux : Pierre, 30 ans, médecin, brun, et Jean, 25 ans, avocat, blond ; leurs parents : M. Roland, bijoutier parisien qui s'est retiré au Havre dès qu'il a eu une certaine aisance, et son épouse, Mme Roland, 48 ans, sentimentale et préférant son fils cadet ; Mme Rosémilly, jeune et riche veuve d'un capitaine au long cours, 23 ans.

L'œuvre débute par une partie de pêche en mer. Le bonheur de cette promenade est troublé par la rivalité des deux frères qui courtisent tous deux la belle veuve. Le notaire vient annoncer aux Roland la mort d'un de leurs anciens amis, Maréchal, qu'ils n'ont pas revu depuis leur départ de Paris : il fait de Jean son légataire universel.

Maupassant étudie l'effet de cette annonce sur les divers personnages, qui dévoilent leur psychologie. Le père, bon vivant, n'y voit qu'une bonne affaire, sans se poser de question. La mère, qui a une préférence pour son cadet, est heureuse de ce qui lui arrive : il va pouvoir louer un bel appartement et s'installer. Quant à Pierre, le fils aîné, il est pris dans une sorte de piège qui le pousse à revenir sur le passé pour comprendre la raison du choix de Maréchal.

L'histoire est essentiellement vue de son point de vue, à travers ses pensées, ses analyses, les réflexions qu'il se fait. D'où l'importance de l'emploi du monologue intérieur, du style indirect libre. Les étapes de son enquête, ses découvertes successives constituent les seuls événements du roman.

Les chapitres 2 et 3 mettent en place le piège dans lequel va tomber Pierre. L'annonce de l'héritage le plonge dans un état d'énervement, d'excitabilité qu'il cherche à comprendre. Il veut d'abord être seul, puis va trouver une de ses relations, une figure pittoresque, le vieux Marowsko, polonais, réfugié politique et pharmacien. Il lui parle de l'héritage de son frère, ce qui étonne le vieil homme : « Ça ne fera pas bon effet », commente-t-il. Pierre commence à se poser des questions.

Le lendemain, décidé à faire fortune avec ses seules qualités, il se met en quête d'un appartement, en trouve un, mais ne peut pas le louer, faute d'argent. Sa jalousie croît. Le soir, il retrouve une bonne de brasserie à laquelle il raconte l'histoire de l'héritage. Celle-ci insiste sur la différence des physiques des deux frères. Pour la première fois, Pierre pense que Jean est le fils de Maréchal.

À partir de là, il remonte le passé. Il voit ses parents et son frère d'un autre œil, se sent peu à peu étranger dans sa famille. Il se rappelle Maréchal, qui venait tous les soirs chez les Roland. Il demande à sa mère où est son portrait qui était autrefois dans le salon. Elle le retouve. Éclate alors la ressemblance entre Jean et le défunt.

Pierre reconstitue peu à peu l'aventure de sa mère. Dès lors les relations entre la mère et le fils deviennent difficiles. Mme Roland a compris qu'il a deviné la vérité. Pierre la torture, il est surtout très malheureux.

« Il la regardait avec une colère exaspérée de fils trompé, volé dans son affection sacrée, et avec une jalousie d'homme longtemps aveugle qui découvre enfin une trahison honteuse. »

Pierre révèle la vérité à Jean, sa mère, qui est dans la pièce à côté, entend tout. Mme Roland raconte son histoire à son cadet, qui lui pardonne. Jean cherche le moyen d'éloigner Pierre, qui ne peut plus vivre avec sa mère : il pourrait s'engager comme médecin de bord sur la Lorraine, ce qu'il va faire.

Pierre part, accompagné par toute la famille. « Sa douleur agressive et vengeresse s'était fatiguée, comme une lame émoussée. » Jean va épouser Mme Rosémilly. Mme Roland pleure bien en voyant le paquebot s'éloigner, mais le calme est revenu dans la famille. Roland ne s'est jamais douté de rien. Jean, par lâcheté et égoïsme, accepte les choses, comme Mme Rosémilly qui a tout compris et n'a jamais aimé Pierre.

Pierre et Jean est un roman de mœurs, dans la mesure où il étudie la vie de petits bourgeois havrais. C'est surtout un roman psychologique qui annonce les dernières œuvres de Maupassant.

3 - L'ESTHÉTIQUE DE ZOLA

Zola définit sa conception de la littérature à partir de quelques grands principes, qu'il reprend, pour une part, aux romanciers qui l'ont précédé, Balzac, Stendhal, Flaubert et les réalistes, mais qui, pour partie, sont novateurs.

■ Être de son temps

Le 2 juin 1860, il écrit de Paris à un de ses amis aixois :

« Vous autres, lycéens, vous avez ce grand défaut, c'est que vous n'êtes pas de notre temps. (...) Vous savez très bien ce qu'on faisait sous François Ier ; mais, sous Napoléon III, c'est une autre chanson. Les esprits jeunes suivent bientôt la pente commune ; mais les esprits encroûtés dans un travail bestial grondent toujours comme des ours en mauvaise humeur, blâmant ceci, blâmant cela, et s'écriant toujours : "Ah ! jadis !" Les sots ! dédaignant notre époque si belle, si sainte ! »

Zola adhère à son époque d'intense bouillonnement en tous domaines. Il s'agit, à la suite des découvertes et des progrès énormes faits par la science en de nombreux domaines, de reconsidérer la place de l'homme dans l'univers, son avenir et, par suite, *celle de l'œuvre d'art et de son rôle dans la société.* Ces discussions sont particulièrement vives chez les jeunes peintres que Zola fréquente. Il les rappelle dans la préface de *Mon Salon* (1866) ou dans *L'Œuvre* (1886). Très schématiquement, on rejette le romantisme et l'idéalisme, on aspire à plus de réalisme. Il s'agit de créer une « nouvelle manière » en peinture, ou en littérature.

■ Ce qu'il rejette

Dans la vigoureuse préface de *Mes Haines* (1866), le jeune Zola rejette les dogmatismes, les immobilismes, les médiocrités, en un mot « les gens nuls et impuissants », parce qu'ils restent accrochés au passé, à des règles, à des notions comme celles de Goût, de « bon Goût ». « Le Beau, affirme-t-il, comme toutes les choses de ce monde, n'est pas immuable, mais (...) il marche, se transformant à chaque étape de la grande famille humaine. »

Comme les Goncourt dans la préface de *Germinie Lacerteux*, il rejette les « petites œuvres polissonnes », « la photographie décolletée du plaisir », les « romans faux » faisant « semblant d'aller dans le monde », en un mot, tous les romans qui « ne dérangent ni la digestion ni la sérénité » des lecteurs, qui finissent bien et respectent l'ordre établi.

■ Ce qu'il souhaite

À chaque époque correspond sa littérature. « Autant de sociétés, autant d'œuvres diverses. » Il s'agit donc d'offrir aux nouvelles couches d'hommes et de femmes que le développement de l'instruction, du livre à bon marché et du journalisme amène à la lecture, des œuvres qui leur conviennent, qui les touchent directement. Pour cela, il faut prendre pour sujet le monde contemporain, leur parler avec *vérité* et *rigueur* de leurs milieux, des problèmes qu'ils affrontent.

Le naturalisme est un mouvement qui se veut moderne, démocratique (les œuvres s'adressent au plus grand nombre), et pédagogique.

■ Tempérament

Tempérament, personnalité, originalité, individualité, autant de termes qui reviennent constamment sous la plume de Zola. Ce qu'il cherche dans une œuvre d'art, c'est un individu, un regard neuf, original. Dès 1865, il affirme : « une œuvre d'art est un coin de la création vu à travers un tempérament. » *Le naturalisme n'est pas une plate reproduction de la réalité, une photographie.* Déjà Champfleury avait affirmé en 1854, dans un texte capital :

> « La reproduction de la nature par l'homme ne sera jamais une *reproduction* ni une *imitation*, ce sera toujours une *interprétation*. Il est si difficile de s'entendre sur les mots, que je vais essayer de rendre ma pensée plus claire par des faits :
>
> Dix daguerréotypeurs sont réunis dans la campagne et soumettent la nature à l'action de la lumière. À côté

d'eux dix élèves en paysage copient également le même site. L'opération chimique terminée, les dix plaques sont comparées ; elles rendent exactement le paysage sans aucune variation entre elles. Au contraire, après deux ou trois heures de travail, les dix élèves (quoiqu'ils soient sous la direction d'un même maître, qu'ils aient subi ses principes bons ou mauvais), étalent leurs esquisses les unes à côté des autres. Pas une ne se ressemble.

Cependant tous les dix ont copié avec toute l'exactitude possible les mêmes arbres, la même prairie, la même colline. Il y a même de telles dissemblances que l'herbe des champs qui paraît verte à celui-ci, a été peinte *rousse* par celui-là ; le site est riant et gai, quelques-uns l'ont vu mélancolique et sombre. À quoi tient cette différence ? À ce que l'homme, quoi qu'il fasse pour se rendre l'esclave de la nature, est toujours emporté par son tempérament particulier qui le tient depuis les ongles jusqu'aux cheveux et qui le pousse à rendre la nature suivant l'impression qu'il en reçoit. Un chêne change de forme et de couleur pour l'homme sanguin et l'homme bilieux. Les objets ne se renversent pas dans l'œil du blond de la même manière que dans l'œil du brun. L'homme maigre n'éprouve pas devant la nature les mêmes sensations que l'homme gras. » (« L'Aventurier Challes », recueilli dans *Le Réalisme*)

Zola reprend l'idée dans une lettre du 18 août 1864. Il y affirme qu'entre le réel et l'œil de celui qui regarde il y a toujours un écran, plus ou moins déformant, mais *toujours* déformant.

« Nous voyons la création dans une œuvre à travers un homme, à travers un tempérament, une personnalité. (...) De même, des verres de différentes couleurs donnent aux objets des couleurs différentes ; de même des lentilles concaves ou convexes déforment les objets chacune dans un sens. »

L'écran réaliste – celui qu'il préfère – « serrant de plus près la réalité, se contente de mentir juste assez pour me faire sentir un homme dans l'image de la création. » Le roman n'est pas un reportage, un documentaire. C'est d'abord et avant tout une œuvre de fiction.

■ Définition du roman moderne

Zola mène deux grandes campagnes pour définir sa conception du roman. Une première en 1865-1866 : le romancier est, à ses yeux, un observateur et un « anatomiste de l'âme et de la chair ». Il s'inspire alors essentiellement du modèle médical. Une deuxième en 1876-1880 : dans un célèbre article nourri de l'*Introduction à la méthode expérimentale* de Claude Bernard, il définit le romancier comme un observateur-expérimentateur. Il assimile alors le travail du romancier à celui du savant.

■ Première étape : le romancier anatomiste

Le modèle des sciences

Tout en étant persuadé que le tempérament caractérise le véritable artiste, Zola reconnaît l'importance des sciences à son époque. Il prend pour modèle leur méthode et s'appuie sur leurs découvertes dont il nourrit son œuvre.

À la science, en effet, le romancier emprunte sa méthode qui lui permet de comprendre les secrets de la vie. *Zola s'intéresse quasi exclusivement à la biologie et à la physiologie, aux sciences de la vie.* C'est ce qui distingue le naturalisme tel qu'il le définit du réalisme, mouvement qui l'a précédé. Il lit de nombreux traités de médecins sur les maladies, les dégénérescences, l'hérédité, en particulier celui du docteur Lucas. Il suit le travail de l'hérédité à travers les membres de sa famille des *Rougon-Macquart*, à partir de l'aïeule, tante Dide, qui leur communique la tare par le sang.

Le romancier vise à *dévoiler* les mécanismes de la vie, c'est un « anatomiste de l'âme et de la chair », les métaphores médicales reviennent sous sa plume : il dissèque, fait l'autopsie, etc. C'est que, pour Zola comme pour son maître à penser, le critique Taine, homme et société sont des organismes complexes dont on peut faire le tour, que l'on peut mettre à plat, expliquer, voire dominer, en s'aidant des conquêtes de la science.

Tout voir pour tout connaître

Le romancier perce les apparences, enlève les masques, observe ce qui se passe derrière « les belles portes d'acajou luisant » des immeubles bourgeois (*Pot-Bouille*), pénètre dans les coulisses (*Nana*), essaie de comprendre ce qui se passe sous la chair (*L'Assommoir* et les crises de *delirium tremens* de Coupeau).

Mais pour comprendre, il faut *tout voir*. Il n'y a pas, pour le créateur, de sujet tabou, comme pour le médecin et le savant : « L'artiste a le droit de fouiller en pleine nature humaine, de ne rien voiler du cadavre humain. » De nouveaux champs d'exploration s'ouvrent dès lors à la littérature qui, jusque-là, lui étaient fermés : le corps et ses besoins, la sexualité, le désir, les instincts, la maladie; mais aussi ce que les Goncourt appellent, dans leur préface à *Germinie Lacerteux*, les « basses classes » : le peuple entre réellement dans la littérature (*L'Assommoir*, *Germinal*). Zola regrette que dans *La Comédie humaine* de Balzac, on ne fasse qu'entendre « la voix du grand absent. »

Cette entrée du peuple et du corps dans la littérature a fait crier au scandale. On a parlé de « littérature putride », de grossièreté, de vulgarité, de volontaire recherche du scandaleux, sans comprendre le but véritable recherché par les romanciers naturalistes :

la vérité. « La vérité purifie tout comme le feu », affirme Zola. Ce sont les réticences, les sous-entendus qui sont immoraux.

■ Deuxième étape : le romancier expérimentateur

Dans un article qui fit grand bruit et qu'il reprit dans le recueil *Le Roman expérimental*, auquel il a donné son nom, Zola définit le romancier non seulement comme un anatomiste, comme un observateur, mais aussi comme un expérimentateur. Il applique aux faits humains et sociaux la méthode utilisée pour l'étude des corps bruts en physique et en chimie et que Claude Bernard appliquait à l'étude des corps vivants.

> « Le romancier est fait d'un observateur et d'un expérimentateur. L'observateur chez lui donne les faits tels qu'il les a observés, pose le point de départ, établit le terrain solide sur lequel vont marcher les personnages et se développer les phénomènes. Puis l'expérimentateur paraît et institue l'expérience, je veux dire fait mouvoir les personnages dans une histoire particulière, pour y montrer que la succession des faits y sera telle que l'exige le déterminisme des phénomènes mis à l'étude. (...) Je prendrai comme exemple la figure du baron Hulot, dans *La Cousine Bette*, de Balzac. Le fait général observé par Balzac est le ravage que le tempérament amoureux d'un homme amène chez lui, dans sa famille et dans la société. Dès qu'il a eu choisi son sujet, il est parti des faits observés, puis il a institué son expérience en soumettant Hulot à une série d'épreuves, en le faisant passer par certains milieux, pour montrer le fonctionnement du mécanisme de sa passion. Il est donc évident qu'il n'y a pas seulement là observation, mais qu'il y a aussi expérimentation, puisque Balzac ne s'en tient pas strictement en photographe aux faits recueillis par lui, puisqu'il intervient d'une façon directe pour placer son personnage dans des conditions dont il reste le maître. » (« Le Roman expérimental », repris dans *Le Roman expérimental)*

Ce texte a fait scandale parce qu'on a cru y voir une assimilation du travail du romancier à celui du savant. Ce qui n'est pas exact si on le lit entièrement. Car Zola donne le dernier mot, toujours, au travail créateur.

> « Un reproche bête qu'on nous fait, à nous autres écrivains naturalises, c'est de vouloir être uniquement des photographes. (...) Nous partons bien des faits vrais, qui sont notre base indestructible ; mais pour montrer les mécanismes des faits, il faut que nous produisions et que nous dirigions les phénomènes ; c'est là notre part d'invention, de génie dans l'œuvre. » (« *Le Roman expérimental* »)

Qu'est-ce à dire ? Le romancier monte, comme le savant, une expérience. Pour l'écrivain, monter une expérience signifie mettre en place une intrigue, bâtir le canevas de son futur récit. Zola donne, comme le fait Claude Bernard, la première place à l'invention, à l'hypothèse qui, s'appuyant sur un fait observé, fera jaillir « l'intuition ».

Ce qu'il définit donc c'est une *attitude* nouvelle. Comme le savant, le romancier doit douter, mais en croyant à la science ; il lui faut observer l'homme et la société d'un regard neuf, sans préjugés, sans idée philosophique, morale ou politique :

> « Certes, oui, je repousse l'imagination, si l'on entend par là l'invention des faiseurs de romans-feuilletons (....). Prenez au contraire des faits vrais que vous avez observés autour de vous, classez-les d'après un ordre logique, comblez les trous par l'intuition, obtenez ce merveilleux résultat de donner la vie à des documents humains, une vie propre et complète, adaptée à un milieu, et vous aurez exercé dans un ordre supérieur vos facultés d'imaginer. Eh bien ! notre roman naturaliste est justement le produit de ce classement des notes et de l'intuition qui les complète. » (« Du roman. Les documents humains », *Le Roman expérimental*)

■ « Le sens du réel »

La méthode expérimentale laisse le romancier « à tout son génie de créateur ». Le document est donc un tremplin. « L'imagination, affirme Zola, n'est plus la qualité maîtresse du romancier ». Celle-ci réside dans « le sens du réel », c'est-à-dire ses « facultés d'observation et d'analyse ». Ce sont elles qui le distinguent des auteurs de romans-feuilletons comme Alexandre Dumas père ou Eugène Sue, des romanciers qui ne visent qu'à l'amusement de leurs lecteurs, ou même des auteurs de romans historiques qui se servent de leur imagination « pour évoquer des temps disparus ».

> « Avec le roman naturaliste, le roman d'observation et d'analyse, les conditions changent aussitôt. Le romancier invente bien encore ; il invente un plan, un drame ; seulement, c'est un bout de drame, la première histoire venue, et que la vie quotidienne lui fournit toujours. (...) Aujourd'hui, la qualité maîtresse du romancier est le sens du réel. » (« Du roman. Le sens du réel », repris dans *Le Roman expérimental.*)

■ Hérédité et milieu

Zola va donc étudier, dans ses personnages, le double effet :

1° de l'hérédité, « l'élément physiologique », « les enchaînements et les fatalités de la descendance dans une famille » ;

2° « du moment moderne sur cette famille, son détraquement par les fièvres de l'époque, action sociale et physique des milieux ». Zola inscrit les personnages dans un milieu (conditions de vie, éducation, travail, famille, époque,...), qui les détermine, limite leur liberté, conditionne leurs conduites, comme ils sont déterminés et conditionnés par leur hérédité, par la tare, les maladies, les dégénérescences, les névroses, qui leur sont transmises par le sang.

L'homme n'est pas, pour lui, qu'un esprit. Il est aussi et d'abord un corps. À Jules Lemaitre, qui lui avait consacré un article, il répond le 14 mars 1885 :

> « Vous mettez l'homme dans le cerveau, je le mets dans tous ses organes. Vous isolez l'homme de la nature, je ne le vois pas sans la terre, d'où il sort et où il rentre. L'âme que vous enfermez dans un être, je la sens épandue partout dans l'être et hors de l'être, dans l'animal dont il est le frère, dans la plante, dans le caillou. »

■ « Se rendre maître de la vie pour la diriger »

Le médecin expérimentateur comme Claude Bernard a pour but d'améliorer, par ses découvertes, la condition humaine, de guérir les maladies, de rendre la vie plus supportable. C'est ce même but, noble, que Zola donne au romancier. Il a une mission pédagogique : tout voir, tout analyser, pour comprendre, parce qu'il croit à la possibilité, à la nécessité de réformer la société.

> « Être maître du bien et du mal, régler la vie, régler la société, résoudre à la longue tous les problèmes du socialisme, apporter surtout des bases solides à la justice en résolvant par l'expérience les questions de criminalité, n'est-ce pas là être les ouvriers les plus utiles et les plus moraux du travail humain »,

demande-t-il dans « Le Roman expérimental ». « Tout dire pour tout connaître, pour tout guérir », rêve le Dr Pascal (chap. V).

Cette croyance distingue Zola de la plupart des écrivains contemporains. Elle repose sur ses expériences : difficultés matérielles graves affrontées par sa mère, difficultés qu'il a lui-même affrontées pendant des années, au moins jusqu'au succès de *L'Assommoir*, nécessité où il a été de travailler, absence de toutes relations et de tout soutien. Maupassant a, lui aussi, été obligé de travailler, mais il avait en Flaubert un père spirituel, un soutien, et son père lui envoyait une pension, certes maigre, mais qui complétait son médiocre salaire d'employé au ministère. Quant à Flaubert, aux Goncourt, à Daudet, ils jouissaient d'une fortune personnelle et pouvaient se consacrer entièrement à la littérature.

Si Zola peint noir, s'il s'indigne, c'est parce qu'il croit à un avenir plus juste. Le romancier est pour lui un moraliste expérimentateur. *Esthétique, éthique, politique sont inextricablement liées.*

■ Naturalisme, naturaliste

Les termes de « naturaliste » et de « naturalisme » sont anciens. Ils ont, selon les périodes, des sens divers. Ils sont souvent liés ou opposés, à ceux de « réaliste » et de « réalisme », au point que l'on a pu faire du naturalisme une forme dégradée du réalisme, ce qui est faux.

La notion de naturalisme est le résultat d'une longue histoire :

1° Le « naturaliste » est, d'abord, un savant dans le domaine de l'histoire naturelle, puis des sciences naturelles. Au XIXe siècle, le terme désigne un savant dans le domaine des sciences naturelles et de la biologie, botanique, minéralogie, zoologie.

2° Au XVIIIe siècle, en particulier sous la plume de Diderot, s'ajoute un sens philosophique : le mot désigne celui pour lequel il n'existe rien d'autre que la nature, qui explique « les phénomènes par les lois du mécanisme et sans recourir à des causes surnaturelles » (Dictionnaire de Furetière, 1727).

3° Au XIXe siècle, le mot entre dans le vocabulaire des beaux-arts. Le grand critique d'art Castagnary l'utilise dès 1863 de préférence au mot « réaliste » qui avait pris des connotations triviales, vulgaires, pour caractériser l'évolution de la peinture contemporaine :

> « L'école naturaliste affirme que l'art est l'expression de la vie sous tous ses modes et à tous ses degrés, et que son but unique est de reproduire la nature en l'amenant à son maximum de puissance et de vérité : c'est la vérité s'équilibrant avec la science. » (Salon de 1863)

Zola, qui utilise le terme de naturalisme pour la première fois le 6 février 1865, lui donne ces trois sens.

▪ Les trois caractères du roman naturaliste

Dans un grand article sur Flaubert, le modèle, Zola dégage les trois caractères du roman naturaliste :

1° « la reproduction exacte de la vie, l'absence de tout élément romanesque » ;

2° la disparition des héros, des « personnages grandis outre mesure ». Le romancier naturaliste n'accepte que « le train ordinaire de l'existence commune » ;

3° « le romancier naturaliste affecte de disparaître complètement derrière l'action qu'il raconte. Il est le metteur en scène caché du drame. Jamais il ne se montre au bout d'une phrase. On ne l'entend ni rire ni pleurer avec ses personnages, pas plus qu'il ne se permet de juger leurs actes. » (« Gustave Flaubert », recueilli dans *Les Romanciers naturalistes*).

Ces trois principes sont immédiatement contestés par une critique « idéaliste » qui refuse de voir dans le roman un simple procès-verbal, et reproche aux naturalistes de se complaire dans ce qui est grossier.

Zola fait partie des générations qui ont cru aux bienfaits du savoir, à la nécessité de l'éducation, il conçoit le naturalisme comme une *esthétique de la vérité*, accordée aux années 1866-1880, caractérisées par l'esprit positiviste, la croyance au progrès et à la capacité de la science à apporter le bonheur à l'homme. Mais, en même temps, il met l'accent, dans la création, sur le rôle du tempérament, sur la place de l'individualité.

Le naturalisme, tel qu'il le conçoit, repose donc sur une conciliation difficile entre ce qui paraît contradictoire, la science, mythe du monde contemporain, et la personnalité, héritage du romantisme, sur un équilibre entre avenir et passé, entre observation exacte et écriture visionnaire. À propos de *Germinal*, Zola écrit à Henry Céard :

> « J'agrandis, cela est certain ; mais je n'agrandis pas comme Balzac, pas plus que Balzac n'agrandit comme Hugo. Tout est là, l'œuvre est dans les conditions de l'opération. Nous mentons tous plus ou moins, mais quelle est la mécanique et la mentalité de notre mensonge ? Or – c'est ici que je m'abuse peut-être – je crois encore que je mens pour mon compte dans le sens de la vérité. J'ai l'hypertrophie du détail vrai, le saut dans les étoiles sur le tremplin de l'observation exacte. La vérité monte d'un coup d'aile jusqu'au symbole. » (Lettre du 22 mars 1885)

Fantasmes, obsessions, symboles, mythes viennent constamment subvertir les présupposés scientifiques et métamorphoser le réel.

■ « Un amplificateur passionné » (Henry Céard)

Observation, expérimentation, écran le plus mince possible entre le réel et le regard, vérité, telles sont les caractéristiques du roman moderne selon Zola. Mais, en même temps, il utilise les procédés du mélodrame, du roman noir, du roman-feuilleton, il lui arrive de reprendre des stéréotypes, des idées toutes faites (il voit ainsi, dans un premier temps, les femmes de mineurs comme des pétroleuses), il veut, avec *Au Bonheur des dames*, « faire le poème de l'activité moderne », ...

C'est qu'il refuse la platitude. « La photographie de la réalité, lorsqu'elle n'est pas rehaussée par l'empreinte originale du talent artistique, est une chose pitoyable », écrit-il à propos de la toile de Caillebotte, *Les Raboteurs de parquet* (Salon de 1876).

Zola aime la « littérature à coups de poing ». Il passe immédiatement au symbole et au mythe. Tout, chez lui, est amplifié, magnifié. Le réel est métamorphosé en un « spectacle prodigieux » dans la grande vente de blanc d'*Au Bonheur des dames*. Le grand magasin est un ogre, la mine du Voreux est assimilée au monstre Minotaure (*Germinal*). L'alambic du père Colombe est doué, dans *L'Assommoir*, d'une vie fantastique. Zola donne la même vie monstrueuse à la grande caserne ouvrière de la rue de la Goutte-d'Or, ou aux Halles, toutes bruissantes du claquement des mâchoires. Certains de ses personnages tournent au mythe, comme Nana. Le recours au symbole ou au mythe lui permet de rendre compte de mécanismes sociaux ou humains encore mystérieux, de « donner le spectacle d'un monde où l'homme se trouve aux prises avec des forces qui le dépassent, où les désirs et la violence sont portés à leur point extrême d'intensité » (Roger Ripoll, *Mythe et réalité chez Zola*).

Les *Rougon-Macquart* sont bien un document historique, technique, sociologique, méthodique et irremplaçable sur la société française de la seconde moitié du XIXe siècle. Mais ce savoir réel, le projet scientifique et sociologique de départ sont constamment investis par le rêve, les angoisses, les obsessions du romancier, subvertis par le symbole, le mythe, l'épique, ou encore la fantaisie, la féerie.

C'est ce qui caractérise l'écriture de Zola, la différencie de celle de ses contemporains, lui donne sa force et sa modernité.

4 - L'ESTHÉTIQUE DE MAUPASSANT

Maupassant n'est pas un théoricien comme Zola, qui a multiplié les articles polémiques. Il a consacré au roman, outre quelques chroniques, une grande étude qu'il a publiée en 1888 en tête de *Pierre et Jean*, mais qui n'en est pas la préface.

Ce texte paraît au moment où se multiplient les critiques contre le naturalisme et Zola. Le 18 août 1887 paraît dans *Le Figaro* un manifeste très virulent contre *La Terre* signé par cinq jeunes écrivains fréquentant chez Goncourt et Daudet : Bonnetain, Descaves, Guiches, Margueritte, Rosny. Ils attribuaient l'œuvre « à une maladie des bas organes de l'écrivain » ou « au développement *inconscient* d'une boulimie de vente. » Peu après, le critique Brunetière parle de « la banqueroute du naturalisme. »

Maupassant fait donc le point sur son travail et prend ses distances avec un certain nombre de romanciers contemporains. De Goncourt il critique l'écriture artiste, le vocabulaire « bizarre, compliqué, nombreux et chinois ». Cette critique s'adresse également à Huysmans. De Zola, il accepte certaines idées mais il en refuse d'autres avec force :

> « Je ne crois pas plus au naturalisme et au réalisme qu'au romantisme. Ces mots à mon sens ne signifient absolument rien et ne servent qu'à des querelles de tempéraments opposés »,

affirme-t-il dans une de ses chroniques. Chaque auteur à son individualité, il ne peut pas être assimilé à un autre.

▪ Pour un roman de mœurs

Comme Flaubert, son maître spirituel, comme Zola et les autres romanciers du mouvement naturaliste, Maupassant condamne le roman idéaliste et le roman sentimental qui déforment le réel et l'esprit des lectrices - il le montre, par exemple, dans *Une vie*. Il rejette également les romans qui ne cherchent qu'à amuser leur public.

Il leur oppose le roman de mœurs, d'analyse du monde contemporain, dont il voit la naissance avec *Manon Lescaut* de Prévost.

Aux romanciers qui nous donnent « une vision déformée, surhumaine, poétique, attendrissante, charmante ou superbe de la vie », il préfère, comme Zola, ceux qui veulent « nous montrer la vérité, rien que la vérité, toute la vérité. »

> « Au lieu de machiner une aventure et de la dérouler de façon intéressante jusqu'au dénouement, [le romancier] prendra son ou ses personnages à une certaine période de leur existence et les conduira par des transitions naturelles jusqu'à la période suivante. Il montrera de cette façon, tantôt comment les esprits se modifient sous l'influence des circonstances environnantes, tantôt comment se développent les sentiments et les passions, comment on s'aime, comment on se hait, comment on se combat dans tous les milieux sociaux, comment luttent les intérêts bourgeois, les intérêts d'argent, les intérêts de famille, les intérêts politiques. » (« Étude sur le roman »)

Maupassant peint, dans ses romans, l'aristocratie et la bourgeoisie. Il ne consacre aucune œuvre au peuple et au monde du travail, comme le font Zola (*L'Assommoir*,

Germinal, *Au Bonheur des dames*, *La Terre*, *Le Ventre de Paris*, etc.) ou, dans une moindre mesure Huysmans qui, avec *Les Sœurs Vatard*, décrit la vie d'ouvrières dans un atelier. Maupassant ne parle que de ce qu'il connaît, y compris lorsqu'il fait voyager ses personnages : Jeanne et Paul suivent le voyage qu'il a fait en Corse ; Mont-Oriol, c'est Châtel-Guyon où il a fait plusieurs cures. Il n'a pas l'ambition, comme Zola, de donner une peinture exhaustive de la société française contemporaine. Il n'en peint que certaines couches, ne s'attache qu'à certains milieux parisiens ou normands.

Il est sensible, comme Zola et ses contemporains, au problème de l'éducation des filles (*Une vie*, *Mont-Oriol*). Il étudie surtout le rôle moteur de l'argent dans la psychologie des personnages. Il peint la société de son époque emportée dans une course darwinienne à la conquête du pouvoir et de la fortune, comme le fait Zola. Les œuvres des deux auteurs sont bien des œuvres d'après 1789, c'est-à-dire d'une période de bouleversements, de mutations, d'exacerbations de toutes les ambitions.

Maupassant étudie aussi avec finesse la manière dont le milieu (habitat, climat, famille, éducation) façonne les individus. Mais il ne procède pas, comme Balzac ou Zola, à de longues descriptions. Il ne fait jamais un inventaire précis exhaustif des lieux (comme on en trouve dans *Le Ventre de Paris*, *Au Bonheur des dames* ou *Germinal*). Il ne sélectionne que ce qui éclaire la psychologie des personnages (le procédé est particulièrement visible dans *Une vie*, où tout est vu à travers le regard et les sensations de Jeanne, l'héroïne).

Il ne procède donc pas, comme Zola ou Flaubert, à des enquêtes préliminaires minutieuses sur le terrain ou auprès d'informateurs, ou en consultant des études concernant le milieu à décrire ou les problèmes à traiter. Zola, lui, prend, des centaines de pages de notes : ainsi pour *Germinal*, il est allé à Anzin, est descendu au fond de la mine, a visité un puits, un coron, a lu des ouvrages sur le mouvement ouvrier, etc.

Par ailleurs, si Maupassant admet, comme son époque, que l'individu est objet d'un certain déterminisme, il ne s'intéresse jamais réellement aux problèmes de l'hérédité, il ignore le traité du Dr Lucas qui a servi de fil conducteur à Zola. Julien de Lamare, par exemple, hérite, tout au plus, de la légèreté de son père, de la faiblesse et de l'imprévoyance de sa famille maternelle. On ne trouve pas dans les œuvres de Maupassant ce qu'André Vial appelle le « naturalisme physiologique ». Il peint des scènes d'accouchement (ainsi dans *Une vie*, ceux de Rosalie et de Jeanne), mais avec sobriété et du point de vue, toujours, de l'héroïne.

Après *Mont-Oriol*, d'ailleurs, l'histoire politique et économique disparaît de ses romans, comme l'attention à certaines réalités physiologiques (ainsi, dans *Une vie*, les émois sexuels de Jeanne). Après *Pierre et Jean* qui marque un tournant dans sa manière, il est beaucoup moins sensible à l'influence de l'argent sur les comportements. Il s'oriente, avec ses derniers romans, vers l'étude psychologique qu'il aborde déjà avec les premiers.

Une vie s'étale sur environ 30 ans et raconte les illusions d'une jeune fille et surtout les terribles désillusions de la femme mariée et de la mère ; *Bel-Ami* a pour sujet l'ascension sociale d'un aventurier, Georges Duroy, qui tel Saccard (dans *La Curée*) se fait un nom et une fortune grâce aux affaires, en deux ans à peine. *Mont-Oriol* suit les péripéties de la création d'une ville d'eaux en un an. *Pierre et Jean* dure à peine deux mois. C'est l'analyse d'une crise brutale entre cinq personnages.

▪ La vision personnelle

À son tour, Maupassant pourrait reprendre la définition de l'œuvre d'art donnée par Zola : « une œuvre d'art est un coin de la création vu à travers un tempérament », qu'il approuve dans une de ses chroniques.

> « Tous les écrivains, Victor Hugo comme M. Zola, ont réclamé avec persistance le droit absolu, droit indiscutable, de composer, c'est-à-dire d'imaginer ou d'observer, suivant leur conception personnelle de l'art. Ce talent provient de l'originalité, qui est une manière spéciale de penser, de voir, de comprendre et de juger. » (« Étude sur le roman »)

Il va plus loin. Il pose une question qui les préoccupait tous : qu'est-ce que le réel? Question capitale et embarrassante. Définir le réel, en effet, a de tout temps été difficile. C'est un problème qui se complexifie avec le développement des technologies et des images virtuelles.

Pour Maupassant, chacun a *sa* vision du réel. « Nos yeux, nos oreilles, notre odorat, notre goût différents créent *autant de vérités* qu'il y a d'hommes sur la terre. » (non souligné dans le texte) De sorte que « chacun de nous se fait (...) simplement une *illusion du monde.* »

Dans une de ses chroniques du *Gaulois* (14 juin 1882), il donne deux versions d'un même fait divers. La première, « littéraire », dans laquelle il utilise conventions et recettes du mélodrame, semble vraie au lecteur, alors qu'elle est inventée, parce qu'elle répond à l'idée qu'il se fait du criminel; la seconde, vraie, raconte l'histoire telle que, affirme l'écrivain, elle s'est passée, mais elle trouble le lecteur qui ne retrouve pas ce à quoi il s'attend et qui l'estime fausse.

Le réel est à la fois simple et complexe, naturel et déroutant, rarement univoque et clair. La grande difficulté du romancier est de lui conserver sa face d'ombre et son ambiguïté.

C'est pour cela que Maupassant se moque de l'assimilation faite par Zola entre le travail du savant et le travail du romancier. Il ne faudrait pas, toutefois, penser que Zola est indifférent à ce problème. Il le pose plusieurs fois, dans ses œuvres mêmes. Claude, au début de *L'Œuvre*, ne croit pas à ce que lui raconte Christine et pourtant son histoire est vraie :

> « Il s'émerveillait de l'invraisemblance de la vérité, souvent. Ce qu'il avait imaginé, pour être simple et logique, était tout bonnement stupide à côté de ce cours naturel des infinies combinaisons de la vie. » (chap. I)

Zola va même jusqu'à contester sa propre méthode à travers certains personnages comme le juge Denizet dans *La Bête humaine*.

L'illusion réaliste

Le romancier ne peut pas raconter tous les événements de la vie, « il faudrait un volume au moins par journée, pour énumérer les multitudes d'incidents insignifiants qui emplissent notre existence. » Il doit donc *choisir*, organiser, ordonner, pour rendre l'histoire *logique*, compréhensible, intéressante.

> « Faire vrai consiste donc à donner l'illusion complète du vrai, suivant la logique ordinaire des faits, et non à les transcrire servilement dans le pêle-mêle de leur succession. »

Dans ces lignes de son « Étude sur le roman », Maupassant pose clairement le problème auquel est confronté tout romancier de la réalité. Celui-ci, plus qu'il ne copie le réel, dont il offre une vision qui reste toujours, quoique à des degrés divers, personnelle, partielle, partiale, nous donne une « illusion du réel ».

La question est alors pour lui de savoir comment procéder pour faire croire que ce qu'il écrit est vrai, *vérifiable*. L'œuvre réaliste désigne à la fois celle que l'auteur propose comme vraisemblable et celle que le lecteur perçoit comme vraisemblable, tout en sachant qu'elle n'est pas vraie, puisqu'il s'agit d'une fiction. Mais elle lui donne l'illusion du vrai.

■ L'apologie du style

Comme Flaubert, Maupassant privilégie le travail du style. Il reproche à Zola de ne pas se préoccuper suffisamment de l'écriture. Lui, travaille à faire « tout dire » à la phrase, « à l'emplir de sous-entendus, d'intentions secrètes et non formulées », par la recherche du rythme et surtout du mot propre. « Avec des mots, précise-t-il dans une chronique du *Figaro* (3 juillet 1884), on peut rendre visibles les choses comme avec des couleurs; (...) ils ont des tons, des lumières, des ombres, des notes, des mouvements , des odeurs. (...) Ils sont tout, musique, peinture, pensée, en même temps. (...) ils peuvent tout. » Maupassant prône donc un réalisme artiste, subjectif, un art de la suggestion, des sensations. *Il fait tout passer par les réactions, les impressions, la sensibilité des personnages*, Jeanne (*Une vie*), Christiane (*Mont-Oriol*), Pierre (*Pierre et Jean*).

Au total, l'art de Maupassant est très éloigné de l'écriture symbolique et mythique de Zola qui, comme il l'écrit lui-même, a « l'hypertrophie du détail vrai » et saute constamment « dans les étoiles sur le tremplin de l'observation exacte. »

En conclusion, par ses analyses de la société contemporaine, Maupassant s'inscrit bien dans le mouvement qui pousse , au XIXe siècle, les romanciers vers le réel, à refuser certaines formes de récits, à proscrire la notion de « bon Goût », à privilégier la qualité de la vision de l'écrivain.

Mais, par sa volonté d'allier réel et Beau, par son travail du style, par sa recherche de l'expression juste des sensations, il se place dans la lignée de Flaubert, non dans celle de Zola ou des Goncourt. Maupassant n'est pas un réaliste, il n'est pas non plus naturaliste au sens zolien du terme. C'est « d'abord un impressionniste », selon l'expression de Louis Forestier.

Les différences entre ces écrivains ne tiennent pas seulement à une question de génération. Elles sont dues à des divergences profondes sur le plan esthétique et sur le plan philosophique. Zola est un homme engagé, qui veut changer la société de son époque. Il se veut optimiste, confiant, malgré tout, dans les forces de vie et de progrès. Maupassant est marqué par le pessimisme, sa vision du monde est triste, cruelle, angoissée. Il constate avec ironie les travers des hommes, leurs intrigues. Il n'envisage pas un avenir meilleur, loin de là ! « Ça n'est pas gai (...) c'te vie-là ! » affirme un de ses personnages (*L'Odyssée d'une fille*). Zola conclut *La Joie de vivre*, roman de la douleur et de la mort, par ce cri d'« indignation furieuse » de Chanteau, perclu de goutte : « Faut-il être bête pour se tuer ! »

3

THÈMES

1. DEUX REGARDS SUR LA SOCIÉTÉ

Lorsqu'il songe à écrire sa fresque des *Rougon-Macquart*, en 1868, Zola précise dans ses *Notes générales sur la marche de l'œuvre* :

> « La caractéristique du mouvement moderne est la bousculade de toutes les ambitions, l'élan démocratique, l'avènement de toutes les classes. (...) Mon roman eût été impossible avant 89. Je le base donc sur une vérité du temps : la bousculade des ambitions et des appétits. J'étudie les ambitions et les appétits d'une famille lancée à travers le monde moderne. »

Les romans de Zola et de Maupassant peignent l'époque de mutations qui a suivi la Révolution de 1789. Balzac a déjà fait de l'argent le grand ressort de la vie moderne, et a montré les conséquences de l'avènement de nouvelles couches sociales. Les romanciers qui le suivent analysent ce processus qui s'accentue avec le développement du capitalisme, mais les peintures qu'ils en font peuvent être très sensiblement différentes, comme le sont celles de Zola et de Maupassant.

■ La vision de Zola

Zola a lu Balzac et le grand article que lui a consacré Hippolyte Taine dans ses *Nouveaux Essais de critique et d'histoire*. Le critique loue le romancier d'avoir montré avec justesse le rôle joué par l'argent et Paris dans la société nouvelle :

> « La démocratie instituée et le gouvernement centralisé y ont appelé tous les ambitieux et enflammé toutes les ambitions. L'argent, la gloire, le plaisir, préparés et amoncelés, y sont une curée après laquelle s'acharne une meute de désirs insatiables exaspérés par l'attente et la rivalité. Parvenir ! Ce mot inconnu il y a un siècle, est aujourd'hui le souverain maître de toutes les vies. »

Telle est la vision de la société que donne Zola, une vision darwinienne où les plus forts triomphent dans une lutte terrible avec les faibles. *La Curée*, *Le Ventre de Paris*, *Au Bonheur des Dames*, *Germinal* donnent de bons exemples parmi d'autres de ce déchaînement des appétits et des ambitions, de cette « soif de jouir, par la pensée surmenée et par le corps surmené ».

Comment Zola procède-t-il ?

L'ancrage dans le réel

Le sous-titre qu'il a donné à sa fresque, *Histoire naturelle et sociale d'une famille sous le Second Empire*, montre sa volonté d'ancrer ses romans dans une période historique précise. Il fait de nombreuses allusions à des événements historiques et sociaux. Mais, il faut le souligner avec force, il n'hésite pas à commettre des anachronismes pour souligner, par exemple, un effet ou imposer sa vision de la société. Ainsi lorsqu'il définit dans ses notes préparatoires l'espace de Gervaise et songe au chapitre XII du roman, il note : « Gervaise, "en raccrochant", va de l'abattoir (qui n'existe plus, mais je pourrai le laisser) à l'hôpital. »

De plus, il cerne cet espace symbolique par une « muraille grise et interminable », le mur de l'octroi, derrière lequel on « entend parfois des cris d'assassinés. » Il n'y a, pour Gervaise, aucun espoir de s'en sortir. Elle est, comme la chèvre qui, attachée à un piquet, tourne en bêlant dans la bande de terrain où elle vient se réfugier parfois avec Goujet (voir chap. VIII).

Par ailleurs, Zola est mal à l'aise avec les contraintes chronologiques qu'il s'est imposées, c'est-à-dire les dates du Second Empire : 1852-1870. Il les déborde par de longs retours en arrière, qui expliquent faits et personnages, ou en allant au-delà de la chute de Napoléon III. Aussi évite-t-il toute référence chronologique trop précise. Il préfère constamment au temps des horloges, le temps vécu par les personnages.

Autre conséquence de ces contraintes liminaires : il doit resserrer en quelques années des évolutions bien plus lentes à se faire : il ramasse, par exemple, en cinq ans, dans *Au Bonheur des dames*, un processus qui s'est réalisé en plus de trente ans dans la réalité. Pour écrire *Germinal*, qui se déroule de mars 1866 à avril 1867, il se sert d'événements qui venaient de se dérouler en 1884, c'est-à-dire au moment où il composait le roman.

Mais ce qui compte, c'est que, dans les deux cas, il n'y a pas trahison de l'Histoire. Les conditions de travail et de vie des mineurs n'ont pas fondamentalement changé entre 1866 et 1880. Quant à l'évolution du commerce, elle est bien, en gros, celle que peint Zola, à ceci près que le petit commerce n'a pas disparu et que la domination des Grands Magasins n'a été réelle que dans les années 1880.

Zola affirme constamment « les droits du romancier », la liberté du créateur :

> « Je le répète, je ne suis pas un savant, je ne suis pas un historien, je suis un romancier. Tout ce qu'on doit me demander, c'est de partir du connu, d'établir solidement le terrain où j'entends me placer ; et c'est pourquoi je me documente, puisant aux sources indispensables. Ma fonction ne commence qu'ensuite et ma fonction est de faire de la vie, avec tous les éléments que j'ai dû prendre où ils étaient. La question est uniquement de savoir, alors, si j'ai su rassembler sur un sujet tout ce qui flotte dans l'air du temps, si j'ai su d'une main solide choisir et nouer la gerbe, si j'ai su reprendre, et résumer, et recréer les choses et les êtres, à ce point de formuler l'hypothèse de demain, d'annoncer l'avenir. Ai-je donné mon souffle à mes personnages, ai-je enfanté un monde, ai-je mis sous le soleil des êtres de chair et de sang, aussi éternels que l'homme ? Si oui, ma tâche est faite, et peu importe où j'ai pris l'argile.
>
> Lorsque Flaubert, après de longs mois d'enragée poursuite, avait enfin réuni tous les documents d'une œuvre, il n'avait plus pour eux qu'un grand mépris. J'ai ce mépris complet, les notes ne sont que les moellons dont un artiste doit disposer à sa guise le jour où il bâtit son monument. J'use sans remords de l'erreur volontaire, quand elle s'impose, par une nécessité de construction. Et je n'ai pour but que la vie, je ne tiens à la vérité que parce qu'elle enfante la vie. » (« Les Droits du romancier », *Le Figaro*, 6 juin 1896)

Ceci affirmé, Zola rend compte des mécanismes sociaux qu'expliquent les événements politiques et les évolutions économiques. Il étudie leurs effets sur les individus : développement du capitalisme et lutte du capital et du travail (*Germinal*), développement du grand commerce qui a pour conséquence la démocratisation du luxe (*Au Bonheur des dames*), politique des grands travaux avec son cortège d'affaires louches et ses conséquences sur une partie de la population des grandes villes (*La Curée*, *L'Assommoir*), naissance des grandes agglomérations, extension des chemins de fer, développement du réseau bancaire, etc., etc.

Une vision exhaustive

Influencé par le positivisme ambiant, Zola veut donner une vision exhaustive de la société et des problèmes qui se posent à ses contemporains. Cette ambition découle de sa conception pédagogique et didactique du roman.

Quand il a songé à sa fresque future, il a commencé par établir une grille grâce à laquelle il pensait rendre compte de la totalité de la société de son temps :

> « Il y a quatre mondes :
>
> – Peuple [ouvrier / militaire
>
> – Commerçants : Spéculateur sur les démolitions et haut commerce (industrie) ;
>
> – Bourgeoisie : Fils de parvenus ;
>
> – Grand monde : Fonctionnaires officiels avec personnages du grand monde, politique ;
>
> – Et un monde à part [putain / meurtrier / prêtre (religion), / artiste (art). »

Il projette alors d'écrire dix romans. Finalement, nous l'avons dit, les *Rougon-Macquart* en comporteront vingt. Mais, on le voit, cette grille lui permet – ce qu'il recherche d'emblée – d'inventorier, de répertorier, de classer les différentes catégories humaines.

Chacun de ses romans est situé dans un milieu précis, leur ensemble vise à donner une analyse globale de la société contemporaine. Et, pour chaque milieu abordé, il a la même prétention :

> « Quand je m'attaque à un sujet, je voudrais y faire entrer le monde entier. De là mes tourments, dans ce désir de l'énorme et de la totalité, qui ne se contente jamais »,

écrit-il le 4 septembre 1891 à son correspondant J. Van Santen Kolff. Pour *Germinal*, il crée autant de personnages, hommes et femmes, que nécessaire pour avoir les différents types de mineurs, les différents emplois à la mine, les différentes maladies les frappant, les différents types de capitalistes, de bourgeois, les différentes attitudes, selon les âges et les classes sociales, devant la sexualité, la religion. De façon générale, il suit ses personnages à tous les moments du jour et de la vie (naissance, diverses fêtes, vieillesse, mort, ...).

Le tableau suivant a pour but de montrer la variété des sujets traités dans les seuls *Rougon-Macquart* et l'ampleur de la vision donnée :

Romans se déroulant à Paris :

– *La Curée* (1872) : les travaux d'Haussmann, le remodelage de la ville ; les « affaires », les parvenus qui font fortune ;

– *Le Ventre de Paris* (1873) : le roman des Halles nouvellement construites par Baltard, les amoncellements de nourriture dans ce ventre de Paris. Peinture des « boutiquiers », classe moyenne, petite bourgeoisie qui soutient un régime lui permettant d'acquérir une bonne aisance ;

– *Son Excellence Eugène Rougon* (1876) : roman politique. Eugène est le chef du gouvernement de Napoléon III. Évocation du Corps législatif, du monde politique, de la cour impériale, aux Tuileries ou à Compiègne ;

– *L'Assommoir* (1877) : roman ouvrier, situé dans un des faubourgs de Paris, évoquant le travail des petits artisans et leurs conditions de vie très difficiles dans les grandes maisons locatives misérables ;

– *Nana* (1881) : l'histoire d'une actrice très médiocre du Théâtre des Variétés, qui enflamme le désir des hommes et croque les fortunes ;

– *Pot-Bouille* (1882) : situé dans une maison cossue nouvellement construite, le roman dévoile le vrai visage de la petite et moyenne bourgeoisie ;

– *Au Bonheur des dames* (1883) : le grand commerce dans le nouveau quartier des affaires de Paris.

– *L'Œuvre* (1886) : roman évoquant la vie des artistes, peintres, sculpteurs, musiciens, les ateliers, les expositions, les marchands, en un mot tous les problèmes de la création artistique ;

– *La Bête humaine* (1890) : le roman des chemins de fer (l'essentiel de l'intrigue se déroule sur la ligne Paris-Le Havre) et de la justice. C'est aussi le roman du crime-pulsion, irraisonné, irraisonnable ;

– *L'Argent* (1891) : le roman de la Bourse et de la lutte entre les grandes banques juive et catholique.

Romans se déroulant en province :

– *La Fortune des Rougon* (1871) : le roman se déroule à Plassans. Il relate la lutte républicaine contre le coup d'État de décembre 1851 et le triomphe des Rougon, partisans du futur Napoléon III ;

– *La Conquête de Plassans* (1874) : un prêtre, l'abbé Faujas, est chargé de convertir la ville au régime de Napoléon III. Les liens entre religion et politique ;

– *Germinal* (1885) : le deuxième roman ouvrier, roman de la mine et d'une grève, est situé dans le nord de la France. Il peint la lutte du capital et du travail, le métier particulièrement dangereux des mineurs, leurs difficiles conditions de vie, les débuts du mouvement ouvrier ;

– *La Terre* (1887) : situé dans la Beauce, le roman peint la vie des paysans et pose la question agraire ;

– *La Débâcle* (1892) : l'avant-dernier roman de la fresque rappelle la défaite de Sedan et la chute de l'Empire. Dans ses dernières pages, Zola évoque la Commune.

Zola aborde bien la plupart des grands problèmes posés par la révolution financière et économique. Il s'interroge sur le devenir d'une société en profonde mutation.

Ruptures d'équilibre

Zola voit la société comme un organisme ou comme une machine à vapeur. Comme ses contemporains, il est en effet fasciné par la vapeur et ses risques. La société doit donc, à la manière de tout organisme ou de toute machine à vapeur, obéir à une seule règle : celle de l'équilibre. Il faut, pour cela, éviter les risques de déséquilibre, de maladie, de surchauffe, réguler les mécanismes, couper les membres malades pour éviter la contamination de l'ensemble.

Cette loi de l'équilibre est fondamentale dans la pensée de Zola : équilibre en l'homme entre le corps et l'esprit; équilibre dans un couple entre l'homme et la femme ; équilibre dans la société entre les différentes classes sociales, ou plutôt tendance vers l'équilibre, car le véritable équilibre social n'est possible que dans une utopie (comme celle qu'il a écrite à la fin de sa vie, *Travail*).

La santé de l'individu ou de la société, c'est la machine bien réglée, en bon état de marche (ce que recherche Denise dans *Au Bonheur des dames*, par ses mesures en faveur des employés du grand magasin). S'il y a dérèglement, il y a risque de détraquement, douleur, mort. Ou encore les énergies accumulées et non utilisées se fraient un passage par ce que Zola appelle la « fêlure » : il y a explosion.

Ce rêve d'équilibre est celui du Dr Pascal/Zola, dans le dernier roman de la série :

> « Quelle vie normale, pleine et heureuse, si l'on avait pu la vivre entière, dans un fonctionnement de machine bien

réglée, rendant en force ce qu'elle brûle en combustible, s'entretenant elle-même en vigueur et en beauté par le jeu simultané et logique de tous ses organes ! Il y voyait autant de labeur physique que de labeur intellectuel, autant de sentiment que de raisonnement, la part faite à la fonction génésique comme à la fonction cérébrale, sans jamais de surmenage, ni d'une part ni d'une autre, car le surmenage n'est que le déséquilibre et la maladie. Oui, oui ! recommencer la vie et savoir la vivre, bêcher la terre, étudier le monde, aimer la femme, arriver à la perfection humaine, à la cité future de l'universel bonheur, par le juste emploi de l'être entier, quel beau testament laisserait là un médecin philosophe ! » (chap. XII)

C'est en ce sens qu'il faut comprendre la vision sociale de Zola.

Sur le plan politique, il prend parti contre le régime de Napoléon III dont il donne, dans *La Curée*, par exemple, une vision partielle et partiale, particulièrement critique. Zola est un homme généreux, un républicain, qui souhaite une société plus juste. Ses œuvres poursuivent un double but. Il veut expliquer les mécanismes du monde contemporain pour les faire comprendre, afin qu'on puisse les améliorer.

Il veut surtout provoquer, par ses descriptions, chez le lecteur bourgeois et les politiques, une réaction et les pousser à prendre des mesures. Il écrit ainsi dans ses notes préparatoires de *Germinal* : « Les ouvriers lâchés vont jusqu'au crime : il faut que le lecteur bourgeois ait un frisson de terreur. »

Dans ses romans, il multiplie les images de rupture, de débordement, d'emballement. L'équilibre social est menacé par les trop gros appétits des uns, par la gloutonnerie des Gras, et par la révolte de ceux qui sont exploités, dévorés par le système. Il donne une image de ce que pourrait être le Grand soir, peur qui a été une des plus vivaces du siècle :

« Oui, un soir, le peuple lâché, débridé, galoperait ainsi sur les chemins ; et il ruissellerait du sang des bourgeois, il promènerait des têtes, il sèmerait l'or des coffres éventrés. Les femmes hurleraient, les hommes auraient ces mâchoires de loups, ouvertes pour mordre. Oui, ce seraient les mêmes guenilles, le même tonnerre de gros sabots, la même cohue effroyable de peau sale, d'haleine empestée, balayant le vieux monde, sous leur poussée débordante de barbares. Des incendies flamberaient, on ne laisserait pas debout une pierre des villes, on retournerait à la vie sauvage dans les bois, après le grand rut, la grande ripaille, où les pauvres, en une nuit, efflanqueraient les femmes et videraient les caves des riches. » (*Germinal*, V, 5)

La condition humaine

Zola ne s'intéresse pas aux seules questions politiques, économiques et sociales. Il aborde dans tous ses romans les problèmes auxquels est confronté tout individu : amour, sexualité, pulsions et désirs de toutes sortes, douleur, maladie, solitude dans les grandes villes, incommunicabilité entre les différentes classes sociales, entre patrons et ouvriers mais surtout entre les individus, difficulté de vivre avec l'autre, de travailler avec lui, de partager avec lui son espace de vie.

Zola analyse, avec une finesse souvent très novatrice, l'appropriation que l'individu fait de l'espace ou, au contraire, le processus de désorganisation de sa personnalité que provoque son invasion et sa perte. L'histoire de Gervaise peut être lue en ce sens : elle n'a pas su protéger « son trou », son espace vital des autres (de Lantier, des voisins, du linge sale, etc.).

Zola consacre certaines œuvres à ces problèmes existentiels :

– *La Faute de l'abbé Mouret* (1874) : cette réécriture de la Genèse, de l'histoire d'Adam et Ève, située en

Provence, dans un vieux parc abandonné, le Paradou, étudie, en particulier, la lutte de l'Amour et de la religion ;

– *Une page d'amour* (1878) : le roman est situé à Paris. C'est l'histoire d'une passion brève, soudaine, entre Hélène, une femme raisonnable, surprise par l'amour, et son voisin, le Dr Deberle ;

– *La Joie de vivre* (1884) : situé dans un petit port normand, c'est le roman de la maladie et de la douleur, de l'homme confronté à la misère morale et physiologique ;

– *Le Rêve* (1888) : c'est un véritable « conte bleu », racontant les amours d'une petite brodeuse avec un beau prince charmant, issu d'une grande famille aristocratique ;

– *Le Docteur Pascal* (1893) : dernier roman de la série, l'œuvre résume l'ensemble, le docteur Pascal étant un double de Zola. Elle raconte les amours du héros avec sa nièce Clotilde.

Les enquêtes de Zola

Situant chacun de ses romans dans un milieu différent et qu'il ne connaît généralement pas, Zola doit se faire une compétence technique. Il rassemble donc une documentation très importante qui est de trois sortes. Il lit des livres spécialisés sur les questions qu'il évoque, travail des repasseuses, des mineurs, des paysans, maladies, géologie du bassin houiller, langue verte et argot, divers termes techniques, etc. Il rencontre des informateurs, leur pose des questions : ainsi le personnel de maîtrise de la mine ou des employés de grands magasins. Il va surtout sur le terrain. Ce type d'enquête, l'immersion dans le milieu à décrire, paraît aux romanciers de la représentation du réel, le plus sûr, le plus efficace possible. Aussi Zola se rend-il à Anzin, descend-il dans un puits de mine, visite-t-il un coron. Il va plusieurs fois aux Halles ou dans deux grands magasins qui lui servent de modèles, le Louvre et le Bon

Marché. Il fait le trajet Paris-Mantes aux côtés du mécanicien et du chauffeur d'une locomotive. Pour écrire *Pot-Bouille*, il visite l'église Saint-Roch. Pour chaque roman, il se documente de la même manière.

Ce sont, en tout, des milliers de folios de notes qu'il a rassemblées et conservées. Elles sont déposées, à l'heure actuelle, à la Bibliothèque nationale de France. Ces pages sont particulièrement intéressantes. Zola est habile à capter la manière dont vivent les gens, à Paris comme en province, leurs gestes, leur cadre de vie habituel, leurs coutumes. Il sait d'un mot restituer une odeur, une couleur, une atmosphère, autant de petits détails vrais dont il parsème ses œuvres et qui leur donnent leur saveur particulière. Comme ses amis peintres, Zola sait regarder et rendre le réel quotidien.

Deux questions se posent alors, que nous ne faisons qu'évoquer. Premièrement, celle de la validité de cette documentation. Zola va aux sources les plus récentes et les plus sûres au moment où il écrit. Secondement, celle de l'insertion des informations dans le récit. C'est à quoi Zola réfléchit longuement dans ses notes préparatoires à chaque roman. Il crée des personnages, des schémas narratifs, des scènes à cet effet. Prenons l'exemple du début de *Germinal* : Étienne arrive dans un milieu qu'il ne connaît pas. Il le découvre en même temps que nous, regarde, cherche, pose des questions. Le vieux Bonnemort, les Maheu, les autres mineurs le renseignent peu à peu. Il descend, travaille, a des relations avec tous les autres personnages, mineurs et bourgeois, chez lesquels il se rend.

Limites de cette enquête

Mais si Zola mène une enquête solide et efficace, il faut apporter quelques réserves. Quand il est sur le terrain, il a déjà en tête l'idée générale de son futur roman dont il a bâti « la carcasse en grand », c'est-à-dire le plan général, à partir de ce qu'il a lu et qu'il sait, d'une manière ou d'une autre. De sorte qu'il ne fait pas une enquête naïve. Il part pour étayer et remplir un canevas qu'il a déjà jeté sur le papier, pour aller chercher les « petits faits vrais » qui authentifieront sa construction. Ses notes sont sélectives.

Par ailleurs, il lui arrive de traiter parfois sa documentation avec désinvolture, comme il le fait dans *Nana*. Il a besoin, pour la mort de son héroïne, de la description d'un cas de variolique. Son informateur, le romancier Henry Céard, tarde à en trouver un. Zola invente donc, et il est « si content » de ce qu'il a fait qu'il ne corrigerait pas « même sur des documents exacts », avoue-t-il.

> « Je ne suis pas un archéologue qui dissèque les monuments, je ne suis qu'un artiste. Je regarde et j'observe pour créer, non pour copier Ce qui m'importe ce n'est pas l'exactitude pédante des détails, c'est l'impression synthétique »,

écrit-il au critique italien Scipio Sighele.

Répétons-le, le naturalisme zolien n'est pas un plate reproduction de la réalité. Chez Zola, la fiction, l'invention, l'effet à produire sur le lecteur sont toujours premiers. La mimésis, la reproduction du réel, leur est toujours subordonnée. Zola est d'abord et avant tout un raconteur d'histoires.

■ La vision de Maupassant

Une vision allusive

À la différence de Zola, Maupassant n'écrit qu'« au plus près de son expérience », selon l'expression de Philippe Bonnefis. Il donne à ses personnages ses expériences, ses sensations, ses découvertes, ses goûts.

Il ancre peu ses œuvres dans le réel historique ou social. À peine trouve-t-on quelques allusions à certains faits. Il semble que le monde extérieur ne pénètre pas aux *Peuples*, le manoir habité par Jeanne et les siens (*Une vie*). Et pourtant l'intrigue se déroule de 1819 à 1850 environ, c'est-à-dire pendant une période riche en toutes sortes d'événements historiques marquants. La vie se passe à ne rien faire ; à peine est-il brièvement question des sorties en mer du père de l'héroïne, ou apprend-on que son mari, Julien, chasse. Les Briseville, leurs voisins, passent leur temps à écrire aux nobles de leur parenté, mais on ne sait quoi. On fait de rares visites protocolaires, mortelles d'ennui et de vide.

Une vision ironique

Avec *Mont-Oriol*, Maupassant ne nous peint pas en détail la vie d'une ville d'eaux, les différentes types de curistes, les différents traitements, les différents médecins, etc., comme l'aurait fait Zola. À peine sélectionne-t-il quelques éléments en rapport avec le personnage, qui le peignent, l'expliquent. Ainsi décrit-il un peu longuement le premier bain que prend Christiane à l'établissement thermal, parce qu'il s'agit véritablement d'un bain de purification qui la prépare à une vie nouvelle.

> « Son esprit rêvait (...) à ce qu'elle ferait tantôt, à ce qu'elle ferait demain, à des promenades, à son père, à son mari, à son frère et à ce grand garçon qui la gênait un peu depuis l'aventure du chien. » (I, 4)

Ce grand garçon est Paul Brétigny dont elle va devenir la maîtresse.

Ou encore Maupassant s'amuse à brosser quelques portraits cinglants de médecins et à ridiculiser leurs traitements : ainsi du Dr Latonne inventeur de la machine qui permet de marcher assis ou de nager à sec... Ce qui l'intéresse dans les villes d'eaux, sujet de romans à la mode, c'est une atmosphère. Il y voit, comme l'explique Gontran, « les seuls pays de féerie qui subsistent sur la terre. En deux mois il s'y passe plus de choses que dans le reste de l'univers durant le reste de l'année. On dirait vraiment que les sources ne sont pas minéralisées, mais ensorcelées » (dernier chapitre).

Maupassant, qui a commencé par écrire des vers et qui a toujours été sensible à la poésie, est resté poète, mais un poète fantaisiste.

Dans *Pierre et Jean*, deux brèves descriptions de mobilier, celui du futur appartement de Jean, celui de l'appartement de Mme Rosémilly, sont destinées à révéler les goûts et les manières des habitants. Chez la seconde, « les murs tapissés de papier à fleurs » portent « quatre gravures achetées par le premier mari », des « scènes maritimes et sentimentales » que Maupassant décrit longuement. S'il s'attarde sur ces objets, c'est uniquement parce qu'ils disent, comme la pendule dorée, de style Empire, ou la « mappemonde portée par Atlas agenouillé » qui « semblait mûrir comme un melon d'appartement », le mauvais goût petit-bourgeois de la jeune veuve. Un mauvais goût tout à fait accordé à celui de sa future belle-mère, Mme Roland, qui a meublé l'appartement de son fils. On est loin de la description balzacienne qui a pour but de rendre compte exhaustivement du milieu.

La critique du naturalisme

Tout en admirant *L'Assommoir* et en participant aux *Soirées de Médan*, Maupassant se tient à l'écart des autres jeunes romanciers qui ne le trouvent pas « assez naturaliste ». Dans un long article qu'il consacre à Zola dans la *Revue politique et littéraire* du 10 mars 1883, il fait plusieurs réserves qui soulignent la différence entre leurs deux conceptions romanesques :

« Né écrivain, doué merveilleusement par la nature, il n'a point travaillé comme d'autres à perfectionner jusqu'à l'excès son instrument. Il s'en sert en dominateur, le conduit et le règle à sa guise, mais il n'en a jamais tiré ces merveilleuses phrases qu'on trouve en certains maîtres. Il n'est point un virtuose de la langue, et il semble même parfois ignorer quelles vibrations prolongées, quelles sensations presque imperceptibles et exquises, quels spasmes d'art certaines combinaisons de mots, certaines harmonies de constructions, certains incompréhensibles accords de syllabes produisent au fond des âmes des raffinés fanatiques, de ceux qui vivent pour le Verbe et ne comprennent rien en dehors de lui (...).

Émile Zola s'adresse au public, au grand public, à tout le public, et non pas aux seuls raffinés. »

Maupassant, lui, s'attache avant tout à rendre la sensation, l'impression, à suivre les méandres des âmes. Zola, comme le dit encore Maupassant dans ce même article,

« porte en lui une tendance au poème, un besoin de grandir, de grossir, de faire des symboles avec les êtres et les choses. (...) *Le Ventre de Paris* n'est-il pas le poème des nourritures ? *L'Assommoir* le poème du vin, de l'alcool et des soûleries ? »

2 - L'ARGENT

Zola comme Maupassant voient dans l'argent le principal moteur de la société contemporaine, vouée au culte du Veau d'or. Dans tous leurs romans sonnent des chiffres. Ceux qui l'emportent sont les habiles qui, comme Saccard, savent monter des « machines à pièces de cent sous » (*La Curée*).

Titres (*La Curée*, *Mont-Oriol*), noms de certains protagonistes annoncent cette quête effrénée. Saccard est un véritable nom programme (sac d'or, saccage) que le personnage s'est choisi lui-même :

> « Saccard, Aristide Saccard ! avec deux c... Hein ! Il y a de l'argent dans ce nom-là ; on dirait que l'on compte des pièces de cent sous » (*La Curée*, chap. II)

comme *Lau*re d'*Au*rigny, qui dit par deux fois ce désir d'or, ou Mont-*Or*iol.

La quête de l'argent explique surtout, très souvent, la psychologie des personnages, leurs conduites, leurs actes. Dans *La Curée*, Zola entrelace, selon ses termes, deux notes, la note de l'or et la note de la chair. La première commande la seconde. La question d'argent est au centre d'*Une vie*, comme à l'origine de la crise racontée dans *Pierre et Jean*, provoquée par un héritage.

Les jeunes filles sont d'abord des dots. Julien de Lamare, qui ne dispose que de faibles revenus, épouse Jeanne non par amour mais pour ses biens (*Une vie*). Les premiers heurts entre les époux, qui semblent avoir, en Corse, trouvé le bonheur, ont, symboliquement, pour cause l'argent. À partir de là, le roman n'est que récit des avarices du mari puis, après sa mort, litanie des dettes contractées par son fils.

Andermatt, le banquier qui crée, dans *Mont-Oriol*, une nouvelle station thermale, ne voit dans un objet que son prix. Il sait combien coûte toute chose, tout animal, à l'exception... d'un vieil âne mort abandonné sur une route. Il ne voit le monde qu'à travers la médiation de l'argent.

■ Le temps des affaires

L'avenir est à ceux qui font des « affaires », qui connaissent le prix de l'argent, savent le faire prospérer, comme Andermatt, Saccard, Octave Mouret, non à ceux qui le dépensent sans compter et se font exploiter, comme les parents de Jeanne, ou à ceux qui se contentent, comme Julien de Lamare, de faire des économies mesquines.

Andermatt, qui « éveillait l'idée d'une étrange machine humaine construite uniquement pour calculer, agiter, manipuler mentalement de l'argent », affirme, comme Saccard, que faire des affaires, c'est vivre, c'est créer :

> « Tenez, regardez ce village, ce pauvre village ! J'en ferai une ville, moi, une ville blanche, pleine de grands hôtels qui seront pleins de monde, avec des ascenseurs, des domestiques, des voitures, une foule de riches servie par une foule de pauvres. » (I, 3)

Mais il n'a pas la carrure, la puissance, la force d'invention des deux « poètes des affaires » que sont Saccard et Mouret.

Alors que Zola fait de l'argent le véritable sujet de ses romans, analysant son rôle dans la société, positif et négatif, Maupassant s'en sert essentiellement comme d'un révélateur des personnages, ou comme d'un élément de leur déchéance : c'est le cas dans *Une vie* ou dans *Pierre et Jean*. On peut même dire que dans *Mont-Oriol*, l'histoire de la fondation de la station thermale est, à ses yeux, beaucoup moins importante que celle de la liaison entre Christiane et Paul Brétigny. Le personnage de la femme qui s'éveille à l'amour, se donne corps et âme puis, lorsqu'elle est abandonnée, sombre dans une terrible douleur, l'intéresse infiniment plus que celui de son mari, William Andermatt, très falot et assez invraisemblable.

Maupassant est plus à l'aise dans la forme brève, nouvelle ou chronique, que dans le roman, dans le croquis ironique que dans la description exhaustive, dans l'analyse psychologique que dans celle de mécanismes sociaux et financiers. Il reprend d'ailleurs souvent dans ses romans des nouvelles ou des chroniques publiées antérieurement dans les journaux.

3 - LA FEMME

La femme est au centre de tous les romans du XIXe siècle, depuis Madame de Staël, en passant par Balzac, George Sand, Flaubert, pour devenir le sujet essentiel des romans naturalistes. À quoi tient l'importance de ce thème ? Aux discussions centrées sur le statut et le rôle de la femme dans la société ; aux découvertes des sciences, à la connaissance de plus en plus grande du corps en général et plus particulièrement du corps féminin, qui fascine. Rappelons quelques faits pour comprendre cette omniprésence de la femme dans le roman.

■ Le statut de la femme

C'est à l'occasion de la rédaction des Cahiers de doléances qu'un ensemble de réclamations spécifiques aux femmes apparaît : accès aux charges, libre jouissance et libre disposition des biens propres, droit au divorce, droits politiques. En 1792, Olympe de Gouges rédige une *Déclaration des droits de la femme*, dans laquelle elle affirme, article 10 : « La femme a le droit de monter à l'échafaud ; elle doit avoir également celui de monter à la tribune. » Olympe de Gouges fut guillotinée en 1793.

Après la parenthèse révolutionnaire qui voit les femmes entrer dans la vie sociale et dans la vie politique, on assiste à un retour en arrière. L'exclusion sociale de la femme est consacrée par la société bourgeoise qui s'installe après la Révolution. Elle est décrétée par le Code civil de 1803 qui la traite en mineure. Elle est dite « incapable » en matière financière. Le mari assure seul l'autorité parentale et la gestion des biens du couple, y compris des biens reçus en dot, qu'il ne peut pas, toutefois, vendre ou hypothéquer sans le consentement de son épouse, comme il peut le faire de tous les autres (voir *La Curée*). Ce statut n'a été aboli par étapes qu'en 1938, 1942 et 1970.

Quant à l'adultère, il est sanctionné par des peines infiniment plus lourdes pour la femme que pour l'homme : pour celui-ci, une amende, pour celle-là un emprisonnement pouvant aller de 3 mois à 2 ans. Le divorce, y compris par consentement mutuel, établi en 1792 est aboli en 1816 et rétabli en 1884, mais sous certaines conditions.

Enfin, la femme ne vote, en France, que depuis 1945, certaines professions lui ont été longtemps interdite. Elle ne peut être juge que depuis 1946, par exemple.

■ La peur de la femme

Pourquoi ces dispositions et cette sévérité ? Pour protéger la famille et son patrimoine. Il ne doit y avoir aucun doute sur la filiation. De la femme, de ses écarts, viennent les risques de bâtardise. C'est d'elle que dépend la stabilité de la famille et, par suite, de la société.

Par ailleurs, avec l'accroissement de la misère, de nombreuses filles des classes populaires se tournent vers la prostitution. Or ces filles de noce font courir deux menaces à la société : la maladie, la transmission de la syphilis, grande angoisse du siècle, et la désorganisation des familles. Nana, la « Mouche d'or », part du quartier misérable de la Goutte-d'Or ; elle contamine les beaux quartiers, croque les fortunes, met en péril l'équilibre social. Avec elle, « la pourriture qu'on laissait fermenter dans le peuple, remontait et pourrissait l'aristocratie. »

Les sciences physiologiques font de grand progrès. On étudie l'hystérie (dont on fait, généralement, une maladie de femme), les dégénérescences, l'hérédité. Lorsque Zola dresse l'arbre généalogique de sa famille des Rougon-Macquart, il prend comme origine, non un homme, mais une femme, tante Dide : c'est elle qui transmet la tare aux deux lignées qui partent d'elle, la légitime, les Rougon et la bâtarde, les Macquart, née de ses débordements. Tante Dide, veuve, a pris en effet comme amant un braconnier alcoolique, Macquart.

La femme est une énigme angoissante. Renée, dans *La Curée*, est comparée à un sphinx. Les romanciers s'interrogent sur cet être fait de nerfs et de pulsions, sur ce mécanisme délicat toujours menacé de dérèglement. Ils ont peur de son corps, de ses désirs.

Dès qu'on parle de la femme, on parle donc de morale, de famille, de société, d'éducation, de bonnes mœurs, de santé, de question sociale, d'argent, d'héritage, de patrimoine, etc. Autant de sujets qu'abordent les romanciers de la représentation du réel. Ils préfèrent le faire à travers des personnages de femmes qui leur offrent plus de possibilités dramatiques.

■ La nature féminine

Zola et Maupassant reprennent les idées toutes faites de l'époque, qu'on retrouve dans toute la littérature. La femme possède, par nature, un certain nombre de caractéristiques, dont certaines ne se retrouvent que chez les petites bourgeoises et les bourgeoises qu'ils peignent.

La femme est *futile*. Renée dépense des fortunes en robes et en bijoux, comme toutes les femmes de sa société. Octave Mouret se sert de cet attrait des femmes pour la toilette et le paraître, pour faire fortune.

Elle est *coquette*. Christiane Andermatt a « cette coquetterie native qui couve dans toutes les créatures femelles. » Dans un premier temps, elle joue avec Paul Brétigny qu'elle veut attirer « dans l'invisible filet du sentiment ». Elle « se met en tête de jeter à ses genoux ce passionné, comme elle aurait entrepris de gagner une partie de croquet. »

Cette coquetterie sert à d'autres à « attraper un mari ». Certaines mères, comme Mme Josserand, poussent leur filles à en utiliser tous les pièges.

Elle a une *sensibilité maladive*. Elle est d'abord un corps, des sensations, des nerfs. Toute femme est sensible à l'influence de la lune et des ruines. Elle est incapable de se maîtriser : Charlotte Oriol pleure sans retenue lorsqu'elle se rend compte que Gontran l'abandonne pour sa sœur. Maxime ne comprend pas l'attitude de Renée au début de *La Curée*. « Tu as tes nerfs », lui répète-t-il plusieurs fois.

Cette sensibilité maladive provoque en elle des crises d'hystérie, comme chez Valérie Vabre (*Pot-Bouille*) ou Gervaise, transformée en véritable bête lorsqu'elle se bat avec Virginie au lavoir, ou des accès d'enthousiasme irraisonné, ou encore, à l'opposé, des crises dépressives. Jeanne, accablée par la vie, délaissée et ruinée par son fils, se laisse aller de plus en plus, au point de passer pour folle aux yeux des fermiers. Mais c'est dès son voyage en Corse que sont apparus des signes annonciateurs. Elle étonne son mari :

> « Il ne comprenait pas ces énervements de femme, les secousses de ces êtres vibrants affolés d'un rien, qu'un

> enthousiasme révolutionne, affole de joie ou désespère. » (chap. 5)

La femme, enfin, est une *éternelle malade*, comme Mme Campardon, atteinte d'une de ces mystérieuses « maladies de femmes » qu'on n'évoque qu'à mots couverts (*Pot-Bouille*).

■ Une image efficace du drame social

La femme est rarement équilibrée et saine dans les romans naturalistes qui nous donnent surtout à voir, non sans complaisance, des corps féminins vite déformés par le travail, la misère, la maladie. La jolie Gervaise, qui prend le soleil sur le seuil de sa boutique, devient en quelques années un paquet de graisse et de loques, un guignol déhanché. Le magnifique corps de Nana se transforme en un tas de pourriture.

C'est que les effets de la misère, de la maladie, de la vieillesse, du laisser-aller sont plus dévastateurs sur un corps de femme que sur celui d'un homme, plus terribles à voir. Qu'on songe à la vieille Brûlé dans *Germinal.*

Le malheur d'une femme, accablée par la misère, la maladie, l'âge, comme l'est la Maheude à la fin de *Germinal*, ou comme l'est Gervaise dans *L'Assommoir*, touche plus le lecteur que celui d'un homme : Zola avait d'abord imaginé de faire de Catherine le personnage principal de *Germinal.* Les romanciers naturalistes se servent de la femme pour rendre compte de manière plus dramatique de la question sociale ou de la douleur de vivre.

Si Zola comme Maupassant peignent des scènes d'accouchement, celui d'Adèle, clandestin, dans *Pot-Bouille*, ceux de Rosalie et de Jeanne dans *Une vie* ou de Christiane dans *Mont-Oriol*, c'est parce qu'ils veulent rendre compte avec vérité de tous les moments de la vie humaine. C'est surtout parce que le corps de la femme y est torturé, martyrisé. Donner la vie est une terrible chose !

> « Christiane, presque nue devant ces hommes, ne voyait plus rien, ne savait plus rien, ne comprenait plus rien ; elle souffrait si horriblement que toute idée avait fui de sa tête. Il lui semblait qu'on lui promenait dans le flanc et dans le dos à la hauteur des hanches une longue scie à dents émoussées qui lui déchiquetait les os et les muscles, lentement, d'une façon irrégulière, avec des secousses, des arrêts et des reprises de plus en plus affreuses. » (I, 6)

Maupassant essaie de se mettre à la place de la femme. La description zolienne est plus crue.

■ L'éducation des filles

Au lieu de la canaliser, voire de la maîtriser, l'éducation que reçoivent les filles ne fait qu'accentuer la sensibilité, voire la sentimentalité féminines. Elle contribue, par ailleurs, à les couper du réel, comme les lectures qu'on leur permet. Ce sont là des thèmes qu'on retrouve dans tous les romans, en particulier chez Zola et Maupassant.

Jeanne est élevée au couvent jusqu'à dix-sept ans, en dehors de toutes les réalités, comme Renée Saccard. Ce qui fait leur malheur à toutes les deux. Jeanne rêve à un mari idéal et ne peut qu'être terriblement déçue par la réalité. Elle ne comprend pas que Julien dorme pendant leur nuit de noce : « Pouvait-il dormir une nuit pareille ? » Elle deviendra, par la suite, une mère abusive et fera le malheur de son fils qu'elle ne consentira à envoyer au collège qu'à l'âge de quinze ans. *Pot-Bouille* est tout entier consacré à cette question de l'éducation des filles et de leurs lectures.

■ La femme-objet

Si la femme échafaude des rêves, à partir de ses lectures romanesques, l'homme, lui, tel qu'il est peint dans les romans, est plus réaliste. Il voit essentiellement dans le mariage une bonne affaire, ou une dot, ou la possibilité d'entrer dans un milieu supérieur (comme Andermatt), ou une enseigne à ses activités (comme l'est Renée pour Saccard).

La plupart des femmes sont mal mariées, trop vite, à des inconnus :

> « Trois mois auparavant, [Jeanne] ne savait point que [Julien] existait, et maintenant elle était sa femme. Pourquoi cela ? Pourquoi tomber si vite dans le mariage comme dans un trou ouvert sous vos pas ? » (chap. 4)

Dans le monde que peignent les romans naturalistes, il n'y a guère d'amour. Le roman, jusqu'alors, « c'est où il y a de l'amour. (...) C'est le genre où la femme existe, où le monde tourne autour d'elle, où l'on se passionne pour elle ou contre elle », selon les termes d'Albert Thibaudet. Chez Zola comme chez Maupassant, la femme est, de façon générale, désacralisée et l'amour démythifié, réduit le plus souvent à une pulsion physiologique.

Jeanne, avant son voyage de noce (*Une vie*), Christiane (*Mont-Oriol*), Renée (*La Curée*), Marie Pichon et les autres femmes de *Pot- Bouille* ne connaissent l'amour que par les romans. Christiane, par exemple, « bien que mariée (avec Andermatt) depuis deux ans et demi, (...) ne s'était pas encore éveillée de ce sommeil où vivent les jeunes filles naïves, de ce sommeil du cœur, de la pensée et des sens qui continue, pour certaines femmes, jusqu'à la mort. »

La femme est, le plus souvent, l'objet du désir passager de l'homme. Adèle, la bonne des Josserand sert de maîtresse à Trublot et à Duveyrier qui ne se soucient absolument pas d'elle. Julien veut chasser Rosalie une fois qu'elle est enceinte, alors qu'il est le père.

L'enfant tue même l'amour, quand il existe. Paul Brétigny s'éloigne de sa maîtresse quand elle attend un enfant de lui : « Elle n'était plus la créature d'exception, adorée et rêvée, mais l'animal qui reproduit sa race. » Ce qu'aime Brétigny, c'est un corps vierge de toutes sensations, qu'il puisse éveiller, marquer.

Par ailleurs, si l'amour se résume à l'acte charnel, non seulement le sentiment ne peut atteindre la complétude, mais toutes les femmes deviennent interchangeables. Il n'y a plus de femme idéale.

■ Une victime

De façon générale, la femme est présentée comme une victime, de son corps, de son milieu, de son éducation. On s'en sert et on l'abandonne ensuite, comme le font Saccard et Maxime de Renée. Les deux hommes l'ont traitée en « fille » que l'on entretient ou avec laquelle on prend du plaisir, mais pour laquelle on n'a ni respect ni sentiment véritable.

Rares sont les femmes qui paraissent échapper à cette triple malédiction, comme Mme Hédouin ou Denise Baudu. Mais leur mariage – surtout pour la première – n'est pas un mariage d'amour, c'est une association avec un homme avec lequel elle partage les mêmes idées sur le commerce.

Renée Saccard est, peut-être, la seule à se vouloir libre. Elle se comporte comme un homme, choisit ses amants. Elle se tranforme en « bête amoureuse » qui emporte sa proie et la possède « tout entière » (chap. VI). Mais le romancier la punit sans appel. Renée, en effet, ne cherche qu'à satisfaire ses désirs, elle ne se comporte pas comme une épouse, elle n'est pas mère. La femme, être de chair désirant, terrifie.

Si Zola comme Maupassant veulent ramener l'homme à la femme, s'ils souhaitent que cette dernière reçoive une éducation qui la prépare à la vie, ils ne lui donnent pas d'autre rôle, dans la société, que celui d'épouse et de mère.

4 - LE CORPS

Le roman naturaliste est soucieux de rendre compte du réel dans sa totalité. Il s'intéresse donc à deux aspects qui jusqu'alors avaient été exclus de la littérature : le peuple et le corps, parce qu'on les jugeait vulgaires, triviaux, indignes (voir Annexes).

Les progrès faits par la médecine et la physiologie depuis les années 1840 ont ouvert aux romanciers un vaste champ d'exploration. Le corps devient ainsi un des sujets de prédilection du roman naturaliste. Mais les grands auteurs comme Zola ou Maupassant, ne cherchent jamais le scandale, le voyeurisme. Ils disent ce qui est avec une très grande pudeur. Leur peinture du corps et de ce qui se passe sous la chair est, par ailleurs, très souvent novatrice. Des années avant Freud, ils ont des intuitions étonnantes, le premier surtout.

▪ La peinture du nu

Ils sont attirés, non par le corps de l'homme, mais par celui de la femme. S'ils peignent le nu masculin, c'est le plus souvent par dérision. Quant au corps féminin, ils le décrivent rarement dans sa réalité.

Pourtant, quand Zola rend compte des tableaux des peintres Cabanel ou Bouguereau, il leur reproche de donner à voir des corps féminins asexués, glabres et lisses, de « délicieuse(s) lorette(s), non pas en chair et en os – cela serait indécent –, mais en une sorte de pâte d'amande blanche et rose », « des créatures célestes, des bonbons sucrés qui fondent sous les regards ». Il loue au contraire Manet d'avoir, avec Olympia, peint un véritable corps de femme.

Cependant, Zola reste, dans ses romans, comme Maupassant, très discret. Il ne montre jamais le corps de Renée, il le suggère à travers les descriptions de la chambre ou du célèbre cabinet de toilette de la belle Mme Saccard (*La Curée*). Le seul corps qu'il peigne avec ses attributs sexuels est celui de Nana : cheveux roux déroulés lui faisant « comme une toison de bête », poils d'or de ses aisselles, cuisses de cavale, hanches larges. Mais jamais Zola, qu'on a pourtant accusé de toutes les grossièretés, ne décrit une scène d'amour. Quand Renée devient la maîtresse de Maxime dans un cabinet particulier du café Riche, il se contente d'écrire : « Et tout fut dit. » Plus tard, les ébats amoureux du couple sont fantasmés à travers la description des plantes de la serre.

Maupassant, de son côté, ne donne pas à voir directement le corps nu de Christiane prenant son premier bain à l'établissement thermal (*Mont-Oriol*) ou la nuit de noce de Jeanne (*Une vie*). Il suggère à travers les sensations des deux personnages, le plaisir sensuel de la première, la peur, le trouble, la douleur de la seconde.

■ Hérédité

Le corps est, surtout, pour Zola, la source de rêveries diverses, en particulier autour du sang, de peurs, de fascinations. Son imagination est avant tout biologique. Son œuvre est contemporaine des théories sur l'hérédité et de la naissance de la neuro-physiologie.

Il appartient à la même époque que Charcot, devenu chef de service à la Salpêtrière en 1862.

Parmi toutes les substances sur lesquelles rêve et délire parfois l'imaginaire de l'homme au XIXe siècle, il y a, en effet, le sang, par lequel se transmet l'hérédité, le sang appauvri qui véhicule la chlorose, la dégénérescence, le sang porteur de germes délétères (on croit, alors, à la transmission héréditaire de la syphilis) ou de germes criminogènes (on est criminel par hérédité), ou encore transmettant, croyait-on, la folie, les névroses. Ce sont toutes ces hantises, l'angoissante interrogation sur ce qui est sain ou maladif, raisonnable ou fou qu'on trouve dans *Les Rougon-Macquart*.

> « Loin d'être le héros du monde moderne, de l'industrie, de la science et du progrès, il faudrait plutôt reconnaître en [Zola] le porte-parole des obsessions et des peurs les plus archaïques de l'humanité, celles qui nourrissent les cauchemars du rêveur comme celles qui lancent les foules sur les routes de la guerre, de la révolte ou de la panique. » (Auguste Dezalay, *L'Opéra des Rougon-Macquart*, p. 5)

Les révolutionnaires se sont battus contre le principe de l'hérédité du monarque, contre les privilèges héréditaires de la classe noble, du sang noble, au nom d'une égalité naturelle fondée sur l'universalité biologique de la notion d'homme. « Tous les hommes naissent libres et égaux en droits », affirme le préambule de la Constitution de 1791. Outre cette « injuste transmission du bien », la Révolution a effacé, affirme Michelet, « l'injuste transmission du mal par le péché originel », la faute qui passait de père en fils. L'homme semblait donc libre, maître de son destin.

Or, c'est à ce moment qu'on le découvre plus soumis que jamais à un autre *fatum* : la tare véhiculée par le sang. Les travaux scientifiques qui se multiplient nourrissent l'imaginaire des écrivains. Zola dresse l'arbre généalogique de sa famille des Rougon-Macquart en s'appuyant essentiellement sur ceux du Dr Lucas. Ce qui circule dans l'arbre, c'est le sang de l'aïeule, tante Dide, qui transmet son hérédité. Il donne, au fil des générations, des génies et des fous, des saints et des criminels, et aussi quelques bien portants.

Zola rêve sur cette transmission, sur ces possibilités, sur le mystère des origines, que les sciences balbutiantes ne savent pas encore expliquer. Il est aussi fasciné par ce qu'il appelle les « hésitations du sexe » : Maxime est une fille manquée, Renée se comporte en homme, la marquise d'Espanet et Mme Haffner affichent leurs amours (*La Curée*).

Il est surtout angoissé par le « fond ténébreux de l'homme » dont il est un grand poète (Jules Lemaitre), par la part d'animalité qui reste au fond de tout homme. La théorie de l'évolutionnisme, mise au point par Buffon puis Geoffroy Saint-Hilaire, et développée par Lamarck et Darwin, a marqué tout le siècle : tous les êtres vivants ont pour origine un modèle unique qui s'est transformé en fonction des climats, des conditions de vie, du milieu. Le XIXe siècle – et Zola en particulier – s'interroge sur l'origine de l'homme qui, descendant de l'animal, conserve toujours en lui de la bête.

▪ Les scandales du corps

Ce qui l'intéresse, c'est ce qui se passe dans la chair, sous la peau, les coups de passion folle, la montée du désir dans l'homme ou dans la femme, les « végétations sourdes du crime » qui poussent dans le crâne d'un enfant, dans celui du fils des Maheu, Jeanlin, et qui font que tout à coup, sans raison, il tue un petit soldat qu'il ne connaît pas.

Il est fasciné par la vie indépendante du corps, hors de tout contrôle de la volonté, ainsi lors des crises de *delirium* de Coupeau, par le « sacré travail, un travail de taupe », une vie souterraine que seule la mort peut arrêter.

> « C'étaient des risettes le long des côtes, un essoufflement de la berdouille, qui semblait crever de rire. Et tout marchait, il n'y avait pas à dire ! les muscles se faisaient vis-à-vis, la peau vibrait comme un tambour, les poils valsaient en saluant. » (*L'Assommoir*, chap. XIII)

Cette autonomie du corps lui paraît terrifiante. Sous la montée du désir – désir sexuel ou désir de mort – le corps est transformé en une sorte de machine à vapeur qui s'emballe et que plus rien ne peut arrêter. Il étudie cette vie de la chair dès le premier roman de la série, à travers les débordements d'Adélaïde, la femme qui est à l'origine de la famille. Celle-ci n'obéit qu'aux « seules poussées de son tempérament », à son désir. Elle perce une porte dans le mur qui sépare sa propriété de celle de Macquart, se rend chez lui sans se cacher, abandonnant ses enfants des journées entières, indifférente à tout ce qui n'est pas sa passion, la satisfaction de son corps.

■ L'instinct de mort

Plus largement, Zola ouvre « la porte d'épouvante » sur tous les vertiges qui entraînent l'homme ou la femme malgré eux : « Est-ce qu'on sait ? On fait des choses qu'on ne croirait jamais pouvoir faire. (...) C'est affreux, ça vous emporte. Oh ! si loin ! si loin », murmure Séverine qui, dans *La Bête humaine*, se rappelle le meurtre qu'elle a commis avec son mari.

Bien avant Freud, Zola montre que l'homme est avant tout pulsions. Il montre aussi que désir et instinct de mort, Éros et Thanatos, sont inextricablement liés. Jacques Lantier, le fils de Gervaise, est « sain, vigoureux, de bonne santé », c'est un bon ouvrier, et pourtant, malgré lui, sans raison, il tue la maîtresse qu'il aime et qui l'aime, comme si un étranger agissait à sa place (*La Bête humaine*).

L'hérédité, donc, qui fascine Zola et qui en fait ce « poète du fond ténébreux de l'homme » dont parle Jules Lemaitre, ce n'est pas la reproduction du même, la transmission de la couleur des yeux ou des cheveux, ou de certains traits de caractère, c'est ce qu'il appelle la fêlure, c'est-à-dire l'instinct de mort qui est au fond de tout homme, que l'éducation cherche à juguler mais qui parfois surgit.

Zola croit à la raison, au progrès. Mais il montre que restent toujours tapies au fond des êtres violences, sauvageries brutales, pulsions qui tout à coup éclatent. L'être humain n'est pas que raison et volonté, il n'est plus maître de lui comme de l'univers. Il est corps, « bête humaine ». Ce qui a fait scandale.

Zola est ainsi passé maître dans l'analyse des états de crise, des « furieuses luttes à l'intérieur », des vertiges de la vie inconsciente ou subconsciente de l'être humain, du travail constant de la mort dans la vie, ce qu'il appelle l'émiettement, émiettement physique (misère, vieillesse, maladie), émiettement moral (laisser-aller de Gervaise). Il est passé maître dans l'analyse des processus de désorganisation de l'être humain.

4

ÉCHOS ET CORRESPONDANCES

1 - LA PEUR DE L'HÉRÉDITÉ

L'hérédité a été la grande hantise du XIXe siècle qui croyait à la transmission de certaines maladies comme la syphilis, des dégénérescences, de la folie, etc. Outre Zola, plusieurs auteurs en ont traité, en particulier Ibsen et Daudet dans deux drames.

■ Henrik Ibsen, *Les Revenants* (1881)

Tout a été fait pour soustraire Oswald à l'influence de son père. Sa mère l'a envoyé à l'étranger. Mais il a hérité de son hérédité, comme le lui dit le médecin français qu'il consulte à Paris : « Il y a en vous depuis votre naissance quelque chose de vermoulu. Les péchés des pères retombent sur les enfants. » Oswald a une maladie qui lui est « échue en héritage » et qui « peut éclater à n'importe quel moment ». Il est atteint « d'une sorte de mollesse dans le cerveau ».

Son père, qui est mort, n'a pas été le vénérable chambellan que l'on dit. Il fut alcoolique, coureur, eut une fille d'une servante. Lorsque Oswald revient chez sa mère, il tombe amoureux de la jeune fille, qu'il veut épouser. La vérité éclate alors. Les revenants, c'est le passé auquel on ne peut pas échapper.

La pièce, jouée en Allemagne dès 1883, n'a été représentée en France pour la première fois que le 30 mai 1890 par Antoine au Théâtre-Libre.

▪ Alphonse Daudet, *L'Obstacle* (1890)

À quelques jours du mariage, la famille de la jeune fille refuse son consentement, car elle a appris que le père du fiancé avait été enfermé pendant quinze ans comme fou. Le jeune homme, à qui on avait caché la démence paternelle, mène une enquête et se renseigne sur son hérédité. Il lit des traités médicaux, consulte des spécialistes, et acquiert la conviction que la folie de son père a été déclenchée par une cause extérieure et qu'elle est, de toute façon, postérieure à sa naissance.

La jeune fille, devenue majeure, épouse son fiancé malgré son tuteur. Ils ont tous deux franchi l'obstacle. Par ce dénouement heureux Daudet exprime son scepticisme devant le caractère implacable des lois de l'hérédité. Il a voulu réserver à l'homme une part de liberté, ce que Zola lui-même a fait. Ainsi le Dr Pascal, qui relève du principe de l'innéité, échappe à l'hérédité des Rougon, ce que tout le monde exprime en ne l'appelant que par son prénom.

2 - LA THÉORIE DE L'IMPRÉGNATION

La peur de la femme est à l'origine de la théorie de l'imprégnation ou « hérédité par influence » : une femme reste « imprégnée » par son premier amant, au point de donner le jour, par la suite, à des enfants lui ressemblant, même s'ils ont un autre père. Nana, par exemple, la fille de Coupeau et Gervaise, ressemble au premier homme que sa mère a connu, Lantier.

Zola a découvert cette théorie dans *L'Amour* de Michelet, qui reprenait des pages du Dr Lucas. Elle est, de façon générale, une manière de souligner les risques de l'infidélité féminine. Mais Zola la traite de façon personnelle dans son roman *Madeleine Férat.*

■ *Madeleine Férat* (1868)

Madeleine a pour premier amant un étudiant en médecine, Jacques. Ses études finies, celui-ci part comme médecin en Indochine. Son bateau fait naufrage, on le croit mort.

Madeleine rencontre Guillaume, auquel elle ne parle pas de son passé, pas plus qu'il ne parle du sien. Les jeunes gens se marient. Ils ont une petite fille, Lucie. Or, Guillaume a été l'ami intime de Jacques qui l'a protégé au collège et qu'il aime comme un père. Un jour, il le rencontre par hasard. Jacques a échappé au naufrage. Il le ramène chez lui. Madeleine redevient la maîtresse du médecin. Guillaume, apprenant la vérité, est profondément malheureux, il se sent trahi. Il s'aperçoit que Lucie ressemble à Jacques, ses parents la repoussent. Guillaume accuse son épouse en excusant son ami. Madeleine se suicide.

L'utilisation que Zola fait de la théorie de l'imprégnation dans *Madeleine Férat* montre sa vision catastrophique de la sexualité et son angoisse de la faute, du péché originel. La femme est porteuse de malheur. La souillure est indélébile. Madeleine reste toujours ce qu'elle a d'abord été, une « fille ». La caque sent toujours le hareng. Le premier titre du roman était, d'ailleurs, *La Honte.*

3 - LE NATURALISME EN EUROPE

Le naturalisme a eu une influence dans l'Europe entière, en Allemagne, en Scandinavie (particulièrement au théâtre, avec Ibsen et Strindberg), en Espagne (E. Pardo Bazan, Clarin) et en Italie.

■ Un exemple de littérature vériste

L'esthétique de Giovanni Verga

Le naturalisme italien prit le nom de *vérisme* (de vero : vrai). Son représentant majeur est Giovanni Verga (1840-1922). Zola et Verga se rencontrèrent à plusieurs reprises, Verga fut reçu à Médan.

Influencé par la lecture de *L'Assommoir* (1877), Verga se tourna vers l'expression de la vérité en littérature et s'attacha à décrire la vie sicilienne dans *Vita dei campi* (*Vie des champs*, 1880). À l'exemple des *Rougon-Macquart*, Verga projeta d'écrire un cycle de cinq romans, sous le titre général *Les Vaincus*. Il n'en rédigea que deux : *Les Malavoglia* (1881) et *Mastro Don Gesualdo* (1889). Il demanda à Zola d'écrire une préface pour la traduction française du premier de ces ouvrages, ce que le romancier promit mais ne fit pas.

Dans la préface aux *Malavoglia*, Verga affirme des principes esthétiques voisins de ceux de Zola : objectivité et impartialité de l'auteur qui décrit la réalité avec exactitude et sincérité et s'attache en premier lieu à la peinture d'un milieu humble. Il considère la forme, le style comme étroitement dépendants du sujet. Il recourt, dans les *Malavoglia* au dialecte sicilien et cite de nombreux proverbes qui expliquent la mentalité des personnages. Il veut également les inscrire dans l'Histoire, décrire les interactions de l'homme et de son milieu, leur évolution, et montrer que le mouvement « fiévreux » qui emporte l'humanité fait des victimes, *Les Vaincus*.

Les Malavoglia (1881)

L'œuvre raconte l'histoire d'une famille de pêcheurs des environs de Catane et se déroule entre 1863 et 1878, dans un pays en proie aux secousses provoquées par l'unification italienne. Le poids de l'Histoire se fait sentir jusque dans ce village pauvre. Les humbles sont victimes d'événements lointains qu'ils ne comprennent pas et qui bouleversent leurs traditions ancestrales. À travers l'histoire des Malavoglia, hommes et femmes de bonne volonté malgré leur surnom (*mauvaise volonté*), c'est l'impact néfaste de la modernité sur une société séculaire que Verga veut analyser.

Les habitants du village forment autour de ce drame une sorte de chœur. Leurs conversations tiennent la plus grande place et restituent la vie quotidienne avec ses conflits d'intérêts, ses intrigues et rivalités amoureuses, ses discussions politiques entre le pharmacien progressiste et le curé, les travaux des hommes et des femmes, la contrebande, le poids de l'administration du royaume qui se fait sentir sur cette province récemment rattachée, ... Verga utilise le parler populaire. Le roman ne comporte pas de description. Seule la présence de la mer et des étoiles y introduit une dimension cosmique, un symbole d'éternité face à une nature humaine en lutte contre son destin.

Verga partage avec Zola une vision humaniste mais relativement pessimiste de l'Histoire : les classes les plus pauvres semblent vouées à un irrémédiable enlisement, le progrès n'est pour elles qu'un leurre si une véritable réforme sociale ne l'accompagne pas.

Le cinéaste Luchino Visconti s'inspira des *Malavoglia* pour tourner un film sur les conditions de vie et de travail du prolétariat sicilien. *La Terre tremble* (1948) est une des œuvres majeures du mouvement néo-réaliste italien d'après-guerre.

■ Le naturalisme espagnol

Léopoldo Alas, dit Clarin (1852-1901) est, avec *La Régente* (1884), l'introducteur du naturalisme en Espagne.

Le roman, qui se déroule dans la ville imaginaire de Vetusta (Oviedo en réalité), a pour héroïne Anna de Ozores, épouse de l'ex-régent du tribunal. C'est une honnête femme qui s'ennuie entre son vieux mari et la vie étouffante de la province. Elle subit l'influence mystique de son confesseur, l'ambitieux vicaire Don Firminio, qui ne tarde pas à s'éprendre d'elle mais lutte contre cette passion. Elle est aussi courtisée par Don Alvaro, un noble débauché qui a publiquement juré de la séduire et finit par y parvenir. Firminio, rongé de jalousie, fomente un duel entre le mari et l'amant au cours duquel le mari est tué. Anna, dévorée de remords, est en butte au mépris de la bonne société qui attendait sa chute. Don Firminio lui refuse publiquement l'absolution.

Le roman décrit minutieusement et avec une ironie féroce la vie quotidienne d'une petite ville des Asturies, les mœurs figées et la méchanceté cancanière de la bourgeoisie oisive. C'est aussi une peinture psychologiquement fouillée d'une femme en proie à la tentation puis aux tourments de l'adultère qui la conduisent à la déchéance morale et sociale, une variation sur le thème de *Madame Bovary*.

Avec le personnage du prêtre, Don Firminio, Clarin explore le motif de la lutte entre la chasteté et la sensualité dans une conscience de prêtre, thème qui avait déjà été le sujet du roman de l'écrivain Eça de Queiroz, *Le Crime du padre Amaro* (1876), œuvre majeure du naturalisme portugais.

5

ANNEXES

1 - QUELQUES JUGEMENTS CONTRE LE NATURALISME

Louis Ulbach, dans un célèbre article publié dans le *Figaro* du 23 janvier 1868, est un des premiers à parler de « littérature putride ». Il attaque d'un même élan *Germinie Lacerteux* des Goncourt, *Thérèse Raquin* de Zola, les toiles de Manet et de Courbet. Il rassemble dans son étude toutes les critiques que l'on adressait au naturalisme : grossièreté, pornographie, brutalité, volonté de choquer, indécence, appel aux bas instincts de l'homme, absence de psychologie, manque de goût et de style.

> « Il s'est établi depuis quelques années une école monstrueuse de romanciers, qui prétend substituer l'éloquence du charnier à l'éloquence de la chair, qui fait appel aux curiosités les plus chirurgicales, qui groupe les pestiférés pour nous en faire admirer les marbrures, qui s'inspire directement du choléra, son maître, et qui fait jaillir le pus de la conscience. (...)
>
> Il est plus facile de faire un roman brutal, plein de sanie, de crimes et de prostitutions, que d'écrire un roman contenu, mesuré, moiré, indiquant les hontes sans les

découvrir, émouvant sans écœurer. (…) Attacher par le dégoût, plaire par l'horrible, c'est un procédé qui malheureusement répond à un instinct humain, mais à l'instinct le plus bas, le moins avouable, le plus universel, le plus bestial. Les foules qui courent à la guillotine, ou qui se pressent à la morgue, sont-elles le public qu'il faille séduire, encourager, maintenir dans le culte des épouvantes et des purulences ? (...) »

Ulbach rejoint Charles Bigot qui juge, dans « L'esthétique naturaliste » : « Deux traits caractérisent proprement la littérature naturaliste. D'un côté, elle s'attache surtout à la peinture du vice, à la laideur morale, à la maladie répugnante à voir du corps et de l'âme ; de l'autre, elle emprunte de préférence les sujets de ses peintures aux classes inférieures de la société. » (*Revue des Deux Mondes*)

Barbey d'Aurevilly affirme dans *Le Constitutionnel* du 14 juillet 1873, voyant dans le réalisme un effet néfaste de la démocratie :

« Je veux être grave, comme M. Zola en sa charcuterie. Telle est la signification de son livre : faire de l'art, en faisant du boudin... C'est une idée qui depuis longtemps se précise en littérature et en art. Nous devenons des charcutiers ! Cela s'appelle le réalisme, cette idée, et cela sort des deux choses monstrueuses qui s'accroupissent, pour l'étouffer, sur la vieille société française : le Matérialisme et la démocratie. »

Brunetière, qui proclamera le 1er septembre 1887 la « banqueroute du naturalisme », affirme dès le 15 février 1879 :

« Il n'y a qu'un côté par où les œuvres de M. Zola ressemblent à ses doctrines : j'entends la grossièreté voulue du langage et la vulgarité délibérée des sujets. (…) Car où donc enfin nos romanciers ont-ils vu ces mœurs qu'ils nous dépeignent ? Et les ont-ils vues seulement ? Pour M. Zola, je n'hésite pas à le dire : (…) il ne les a pas vues. Et quand il les aurait vues, quelle serait cette manie de ne regarder l'humanité que par ses plus vilains côtés ? (...) À qui M. Zola pourra-t-il faire croire que le *delirium tremens* de Coupeau détournera de son verre un seul ivrogne, ou que la petite vérole de Nana balancera jamais dans les rêves d'une malheureuse fille du peuple toutes les séductions de la liberté, du plaisir, et du luxe dont il lui donne les amples descriptions ? Il n'y a pas d'excuse, et c'en est assez, décidément, c'en est trop, de ce vice bas et niais dont on prolonge la peinture pendant des cinq cents pages. »

Brunetière explique ce qu'est pour lui la bonne littérature, une littérature qui exalte la vertu :

> « Ouvrez les yeux, regardez autour de vous : apparemment le siècle n'est pas si stérile en vertus qu'on n'y puisse de loin en loin rencontrer de bons exemples. De la Madeleine à la Bastille et de la gare de l'Est à Montrouge, on peut encore trouver d'honnêtes gens qui se tiennent pour heureux d'une modeste aisance, des pères de famille qui épargnent, des femmes fidèles à leur mari, et des mères qui raccommodent le linge de leurs enfants. Ne dites pas que ces gens-là n'ont pas d'histoire ! Ils en ont une, la plus intéressante et la plus vraie de toutes, l'histoire des jours mauvais, si longue dans toute vie humaine, traversés et subis en commun ; l'histoire des jours heureux et des sourires de la fortune qui sont venus récompenser le labeur et l'effort. »

2 - LIMITES DU NATURALISME

Pour Huysmans, le naturalisme a rendu « l'inoubliable service de situer des personnages réels dans des milieux exacts. » Mais il tourne en rond. Il propose donc, aux premières pages de *Là-bas*, le moyen de le dépasser en se faisant « puisatier d'âme » :

> « Il faudrait, se disait-il, garder la véracité du document, la précision du détail, la langue étoffée et nerveuse du réalisme, mais il faudrait aussi se faire puisatier

d'âme et ne pas vouloir expliquer le mystère par les maladies des sens ; le roman, si cela se pouvait, devrait se diviser de lui-même en deux parts, néanmoins soudées ou plutôt confondues, comme elles le sont dans la vie, celle de l'âme, celle du corps, et s'occuper de leurs réactifs, de leurs conflits, de leur entente. Il faudrait, en un mot, suivre la grande voie si profondément creusée par Zola, mais il serait nécessaire aussi de tracer en l'air un chemin parallèle, une autre route, d'atteindre les en deçà et les après, de faire, en un mot, un naturalisme spiritualiste ; ce serait autrement fier, autrement complet, autrement fort ! »

3 - LECTURES CONTEMPORAINES

Jean Borie revient sur les accusations de « complaisance dans l'ordure » faites à Zola par Brunetière, pour montrer leur vanité, en s'appuyant sur *Le Ventre de Paris*, *L'Assommoir*, *Pot-Bouille*. Il voit au contraire, dans la « vision excrémentielle » une modernité de Zola :

> « La vision excrémentielle est (...) l'expression de l'instinct de mort : et c'est justement ce que Gilles Deleuze appelle, chez Zola, la fêlure. Une de ses manifestations est certainement cette « complaisance dans l'ordure » dont parle Brunetière.
>
> (...) Il nous semble que cette vision se construit, se révèle à partir d'un réseau complexe d'images organiques dont certaines pourraient, superficiellement, paraître anodines. L'une des plus importantes, à la fois par sa fréquence et sa richesse, est sans doute celle du ventre, qui réunit, en un véritable nœud gordien de signification, les valeurs de la nourriture, de la fécondité, du sommeil digestif ou prénatal et de l'excrément, dont la présence suffit à jeter une malédiction sur tout cet ensemble. Nous retrouverons la même tonalité excrémentielle dans quelques aliments « privilégiés » comme les graisses, liquides nourriciers, lubrifiants et immondes, dans le « laboratoire » du charcutier où Lisa, mère sacrée et vierge interdite, préside formida-

blement à la fabrication du boudin, dans ces banquets de goinfres où les visages se transforment en derrières, où la nourriture descend le long du tube digestif avec un doux glissement (« quelque chose de doux et de solide qu'on sentait couler le long de son boyau jusqu'à ses bottes », *L'Assommoir*). Nous la découvrirons encore dans certaines oppositions capitales qui éclairent toute l'œuvre de Zola, comme celle de la constriction et de la dépense, opposition qui introduit l'analité au cœur même de la morale, puisque le refoulement des instincts y devient stricte clôture, constipation, barrage élevé, tonneau renforcé, linges amidonnés, qui enserrent, retiennent, essaient de contenir la formidable pression d'une diarrhée mortelle. Chez Zola le vice « coule » et, si l'on s'y abandonne c'est qu'on se « débonde », qu'on « lâche tout », qu'on se « soulage » ; ce qui jette peut-être aussi quelque lumière sur la signification intime, « privée » d'une entreprise d'écriture comme celle des *Rougon-Macquart* : sous le camouflage « scientifique » et « expérimental » coule une logorrhée libératrice. »

Pour Jean Borie, il n'y a pas « complaisance dans l'ordure », comme le prétend Brunetière, mais « difficile recherche d'une guérison » :

« Zola partage avec le bourgeois qu'il scandalise cette conception catastrophique, infernale, du corps et des instincts. Simplement, là où le bourgeois s'accommode, fait la part du feu, lui ne cesse pas de vivre « cette mort dans la vie ». Mais cela ne va pas toujours sans ambiguïté ; précisément parce que Zola vit « obscurément » cette attitude, il ne saurait l'analyser, la dénoncer de l'extérieur. Aussi lui faut-il avoir recours à des intermédiaires infernaux pour opérer le dévoilement du corps et en assumer l'affreux discours : prostituées et bonnes « à tout faire » rempliront cette fonction. Penchées sur le sombre et puant « boyau », le « cloaque » qui creuse son puits d'enfer au centre même de la maison bourgeoise, les bonnes de *Pot-Bouille* « vomissent » les turpitudes des maîtres. Cette révélation du corps est ici une malédiction qui mène tout droit à l'impuissance : Octave et Berthe, après avoir surpris ce langage, après s'être penchés sur cet égout, ne pourront plus passer la nuit d'amour qu'ils avaient eu l'imprudence de vouloir cacher à l'étage ancillaire. Ainsi les bonnes sont deux fois victimes : exploitées par leurs maîtres et réduites à ne posséder que leur corps – qui leur est, en dernier recours, volé lui aussi –, elles sont également chargées d'en révéler et d'en assumer la nature infernale et même de prononcer contre Octave et Berthe les interdits stérilisants : décevant ricochet. Par là, on voit combien le point de vue de Zola est impur et combien il participe de ce contre quoi il lutte. Et pourtant, cette ambiguïté est pour nous génératrice de lumière, et nous comprenons au moins que si les bonnes sont les hérauts infernaux du corps, c'est parce que la société les relègue en Enfer. » (*Zola et les mythes ou De la nausée au salut*)

Jean Cocteau souligne la modernité de Zola, en qui il voit un grand poète :

« Quoi, c'est de ce grossier Zola, de ce bloc de tourbe, de ce monstre obscur, ennemi de toute grâce, que sortent les chevaux blancs de la mine, la locomotive morte sous la neige, l'enfant qui saigne sur les images d'Épinal, l'ivrogne qui flambe, mille et mille exemples d'un lyrisme savant analogue au lyrisme naïf de Fantomas lequel enchantait Apollinaire, et dont j'estime qu'il doit toujours nous servir de guide.

La poésie échappe à l'analyse.

Sa puissance contagieuse s'exprime malgré les obstacles. » (*Les Cahiers naturalistes*, 1958)

■ La description selon Zola

Dans *Le Roman expérimental* (1881), Zola justifie la description naturaliste, héritée de Balzac, à laquelle certains critiques reprochait longueur et superfluité.

« D'abord, ce mot "description" est devenu impropre. Il est aujourd'hui aussi mauvais que le mot "roman", qui ne signifie plus rien, quand on l'applique à nos études naturalistes. Décrire n'est plus notre but ; nous voulons simplement compléter et déterminer. Par exemple, le zoologiste qui, en parlant d'un insecte particulier, se trouverait forcé d'étudier longuement la plante sur laquelle vit cet insecte, dont il tire son être, jusqu'à sa forme et sa couleur, ferait bien une description, mais cette description entrerait dans l'analyse même de l'insecte, il y aurait là une nécessité de savant, et non un exercice de peintre. Cela revient à dire que nous ne décrivons plus pour décrire, par un caprice et un plaisir de rhétoricien. Nous estimons que l'homme ne peut être séparé de son milieu, qu'il est complété par son vêtement, par sa maison, par sa ville, par sa province ; et, dès lors, nous ne noterons pas un seul phénomène de son cerveau ou de son cœur, sans en chercher les causes ou le contre-coup dans le milieu. De là ce qu'on appelle nos éternelles descriptions.

Nous avons fait à la nature, au vaste monde, une place tout aussi large qu'à l'homme. Nous n'admettons pas que l'homme seul existe et que seul il importe, persuadés au contraire qu'il est un simple résultat, et que, pour avoir le drame humain réel et complet, il faut le demander à tout ce qui est. Je sais bien que ceci remue les philosophies. C'est pourquoi nous nous plaçons au point de vue scientifique, à ce point de vue de l'observation et de l'expérimentation, qui nous donne à l'heure actuelle les plus grandes certitudes possibles. (...) Je définirai donc la description : un état du milieu qui détermine et complète l'homme. »

4. BIBLIOGRAPHIE

Sur le naturalisme

• BAGULEY, David, *Le Naturalisme et ses genres*, Paris, Nathan, 1995.

• BECKER, Colette, *Lire le Réalisme et le Naturalisme*, (avec anthologie), Paris, Dunod, 2e éd., 1998.

• BORIE, Jean, *Le Tyran timide, le naturalisme de la femme au XIXe siècle*, Paris, Klincksieck, 1973.

• CHEVREL, Yves, *Le Naturalisme*, Paris, PUF, 1982.

• COLIN, René-Pierre, *Zola. Renégats et alliés. La République naturaliste*, Lyon, Presses Universitaires de Lyon, 1988.

• MITTERAND, Henri, *Zola et le naturalisme*, Paris, PUF, « Que sais-je ? », 1986.

• PAGÈS, Alain, *Le Naturalisme*, Paris, PUF, « Que sais-je ? », 1989.

Sur Zola

• BECKER, Colette, *Émile Zola. En toutes lettres*, Paris, Bordas, 1990.

• BECKER, Colette, *Émile Zola*, Paris, Hachette, « Portraits littéraires », (avec anthologie), 1993.

• BECKER, Colette, GOURDIN-SÉVENIÈRE, Gina, LAVIELLE, Véronique, *Dictionnaire d'Émile Zola. Sa vie, son œuvre, son époque*, suivi du *Dictionnaire des Rougon-Macquart*, Paris, Laffont, coll. « Bouquins ».

• Émile Zola, *Les Rougon-Macquart*, Paris, Laffont, coll. « Bouquins », 5 vol. avec nombreux documents et extraits des dossiers préparatoires des œuvres.

■ Sur Maupassant

• BESNARD-COURSODON, Micheline, *Étude thématique et structurale de l'œuvre de Maupassant : le piège*, Paris, Nizet, 1973.

• BURY, Marianne, *La Poétique de Maupassant*, Paris, SEDES, 1994.

• VIAL, André, *Guy de Maupassant et l'art du roman*, Paris, Nizet, 1954.

• Colloque de Fécamp, *Maupassant et l'écriture*, Paris, Nathan, 1993.

À consulter :

MAUPASSANT, Guy de, *Romans*, texte établi, préfacé et annoté par Louis Forestier, Paris, Gallimard, « Bibliothèque de la Pléiade ».

Imprimerie. IFC - 18390 Saint-Germain-du-Puy
Dépôt légal Août 1999 N° d'imprimeur 99/651